U0903170

企业兴旺 我的责任

朱洪浪 陈庆峰◎著

合力演艺谱就精彩乐章，汇聚责任锻造辉煌企业。

企业，我们共同的家园，企业兴旺，我们共同的责任！

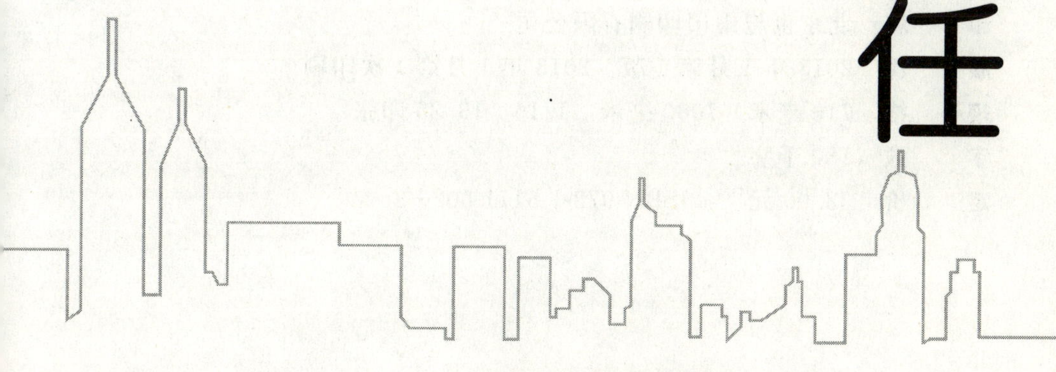

中国言实出版社

图书在版编目(CIP)数据

企业兴旺 我的责任 / 朱洪浪，陈庆峰著. —北京：中国言实出版社，2012.12

ISBN 978-7-5171-0026-3

Ⅰ. ①企… Ⅱ. ①朱… ②陈… Ⅲ. ①企业—职工—职业道德 Ⅳ. ①F272.92

中国版本图书馆 CIP 数据核字(2012)第 273049 号

责任编辑　李　生　孙法平

出版发行　中国言实出版社

地　址：北京市朝阳区北苑路 180 号加利大厦 5 号楼 105 室

邮　编：100101

电　话：64966714(发行部)　51147960(邮　购)

64924853(总编室)　56423695(编辑部)

网　址：www.zgyscbs.cn

E-mail：zgyscbs@263.net

经　销　新华书店

印　刷　北京世纪雨田印刷有限公司

版　次　2013 年 1 月第 1 版　2013 年 1 月第 1 次印刷

规　格　710 毫米×1000 毫米　1/16　13.25 印张

字　数　180 千字

定　价　32.00 元　ISBN 978-7-5171-0026-3

前言

企业好比一条在商海中乘风破浪的船，在这条船上，员工不再是乘客，而是这艘船的主人。因此，企业承载着每一个员工的命运。企业兴，则员工兴；企业衰，则员工衰。大家只有团结一心，同舟共济，患难与共，企业这条船才能战胜风浪，载着大家到达胜利的彼岸！

“企业兴旺，我的责任”是主人翁精神的体现。只有每个员工都树立“企兴我荣，企衰我耻”的意识，企业才能取得胜利，并且能够领先于其他竞争者。因为，如果每个员工都能认清自己的位置，充分发挥主人翁精神，主动担当责任，企业必然兴盛。凝聚着强大团队力量的企业，必定能在市场竞争中胜出。

企业是我们发挥才能的平台，给予了我们个人发展和价值实现的机会，离开企业，就意味着你什么都不是。然而，很多员工认为企业是老板的，老板是最大的受益者，企业的兴衰是老板的事，与自己无关。这样的员工思想中缺少与企业共赢的理念，他们只把工作当成谋求生存和私利的工具或手段，因而，企业回报给他们的也只有眼前的那一点儿利益。

当我们把自己作为企业的第一责任人时，我们所从事的工作就不仅仅是为得到酬劳而做的工作，而是可以成就自我的事业。这样的心理暗示，给我们带来的是无限的快乐和激情，在工作中主动承担责任，在工作岗位上爱岗敬业，坚持不懈地努力奋斗，不断超越自我，创造奇迹！

《企业兴旺 我的责任》一书，以通俗易懂的语言风格，向读者阐述了“企业兴旺之责任在我”这一理念。相信你一定能从中得到这样的感悟：作为企业的一名员工，应该将企业兴旺作为自己的责任和使命，积极主动地对待工作，在平凡的工作岗位上，干出不平凡的业绩！

同时，本书还穿插了大量生动而翔实的案例，向读者展示了“以企业为家，以企业发展为使命”的优秀员工风采，提醒各企业员工，在工作中加强责任意识，自觉自发地扛起企业兴旺的重担，力争成为推动企业兴旺发展的主力军。

本书力图引导读者掌握一些在工作中应该具备的素质，如乐业、感恩、注重团队协作、超越自我等，使工作真正成为我们展示自身价值、发挥个人才能、张扬个性魅力的舞台，让我们在企业实现辉煌的同时，看到自己的人生价值和生存意义。

最后，编者真诚希望此书能为读者做些参考，或者读者能从本书中得到一些感悟，并在今后的工作中加以印证，这也正是编者编写此书的意义所在。

目录

Contents

第一章　天赋使命：企业兴旺是我们必须肩负起的崇高使命

每个人都有色彩斑斓的梦想，但绝大部分的梦想都是通过勤奋努力工作而实现的。企业是我们实现梦想的舞台。在这个舞台上，要想尽快实现梦想，就要深刻意识到企业的兴旺发达与尽心尽责对待工作息息相关。一个以企业兴旺为己任的员工，必然能在企业的舞台上实现梦想，成为企业的"主人翁"！

第二章　责任在我：扛起企业兴旺之责，努力实现人生价值

责任心是衡量员工综合素质最重要的内容，也是决定员工工作成效的首要因素。在企业中，能扛起企业兴旺之责的员工，才是企业最宝贵的财富。肩负企业兴衰荣辱，是一个员工追求实现人生价值的最好诠释。以高度的责任心去工作，与企业共同成长，将责任落实到位，这样的员工势必会推助企业兴旺发达，实现人生价值。

第三章　全力以赴:与企业风雨同舟,我们就是企业的舵手

一家企业就好像是一艘航行中的大船,加入它,你就顺理成章地成为这艘船上的一名船员。要想成功驶向海港,每一个船员都要毫无保留地为这艘船付出自己的力量。企业要想具有乘风破浪的能力,需要的不仅仅是企业本身的硬件条件,更重要的是企业中的每一个员工都具有与企业风雨同舟的决心。如果每一个员工都能将企业的事情当作自己的事情去做,端正态度,为企业的兴旺发展竭尽全力,那么,任何人都可以成为企业的舵手。

第四章　胜在乐业:只有我们乐于工作,企业才会永葆基业长青

工作的最大价值,不是我们所取得的成就,而是工作带给我们的快乐和幸福感。发现工作乐趣,乐于工作,工作就不再是负担,而是快乐和幸福的源泉。企业也将不再是“炼狱”,而是“天堂”,它给予我们的也将是丰厚的回报和机遇。因此,我们管理好情绪,把工作变成最快乐的事,不仅会使企业永葆基业长青,也成就着我们自己的人生。

第五章 团队制胜:团队至上型员工是企业飞速发展的“加速器”

团队至上是一种精神,也是一种信念,是企业得以高速发展的加速器,也是现代企业不可或缺的灵魂支柱。良好的企业文化来自员工高度的团队精神,员工能够尽职尽心,坚持创新,在成长的路上互相分享经验与成绩,让团队的发展不断前进。没有团队精神的员工就没有良好的工作心态,也没有一定的自我牺牲精神,更不可能组建一支坚实的团队,没有团队精神的员工只能是企业发展的绊脚石。

第六章 赢在执行:拥有超强执行力,我们就是企业兴旺的最大资本

员工具有超强的执行力是一个企业得以兴旺的重要因素之一。商场如战场,要想打胜仗,三分靠谋略,七分靠执行。只有拥有超强的执行力的员工,才能把谋略执行到位。如果员工做不到执行到位,再好的策略都是白费。企业的兴旺赢在执行,拥有超强的执行力是企业兴旺的最大资本。

第七章 重在敬业:足够敬业的我们,就是企业快速发展的推动者

企业的兴旺是员工的责任。只有以敬业之心工作,才能推动企业的快速发展。敬业的员工是企业兴旺的奠基人,他们能够热爱自己的工作,忠于自己的企业,对工作有一种使命感和责任感,力求把工作做到精益求精、完美无缺。敬业的员工用勤劳、忠诚、专注、自律、负责等优秀品质,谱写着工作的华章,成为企业快速发展的推动者。

第八章 超越自我:不断超越自己,方能让企业不断登上新台阶

当我们满怀信心驰骋职场却遭遇阻碍时,会反思自己失利的原因,这时往往发现,阻碍我们顺利发展的,不是工作中的难题,不是挑剔的上司,恰是我们自己。事实上,不断为自己注入新的活力和能量,超越自我,才是成就自己、让企业登上新台阶的正确途径。

第一章

天赋使命：企业兴旺是我们必须肩负起的崇高使命

每个人都有色彩斑斓的梦想，但绝大部分的梦想都是通过勤奋努力工作而实现的。企业是我们实现梦想的舞台。在这个舞台上，要想尽快实现梦想，就要深刻意识到企业的兴旺发达与尽心尽责对待工作息息相关。一个以企业兴旺为己任的员工，必然能在企业的舞台上实现梦想，成为企业的“主人翁”！

1

员工是企业兴旺的第一责任人

人们常说:天下兴亡,匹夫有责。那么企业的兴旺发展,是否也与员工息息相关呢?答案是肯定的。一个企业的兴旺发展必然依靠员工们共同推动。如果把企业比喻成一台大机器,那么员工就是机器上的螺丝钉。这些零部件不管是螺丝钉,还是核心控制系统,也不管所处的位置在哪,想要保证机器的正常运作,每一个零部件都是不可或缺的。

企业里的员工,如果能倾尽全力地把分内的事做到完美,就如泉溪之水汇入大海,必然能带动企业走向兴旺发展。所谓牵一发而动全身,企业的兴旺与员工所担负的责任密切相关。

员工是企业兴旺的第一责任人,只有员工有了对企业的责任感和使命感,才能胜任一份工作。员工唯有承担了责任,才会执著地付出,才会让自己的才华和价值在工作中体现,为企业的兴旺发展贡献力量。企业兴旺,员工则有生存和发展的基础;企业衰,员工则无立足之地,更不用说与企业共赢成长。

田志永是沈变大型项目公司装配班班长,同时也是沈阳市一名优秀的共产党员。他是一个技术高超的变压器装备工人,上百个装配疑难问题在他手中得到轻松解决,装配变压器一次合格率达到国内外最高水平。

田志永不仅技术过人,而且善于创新。他组织装配了54种世界级重大产品,创造了变压器行业数个“世界第一”,取得了

200余项创新成果,成为“中国制造”向“中国创造”伟大跨越过程中产业工人的杰出代表。

1986年田志永进入被称为“国变”的原沈阳变压器厂,成为变压器厂的一名装配工。他是我国第一批合同制工人,因为转型为合同制,所以工人们都有一种危机感。田志永也不例外,所以在工作上他更加勤奋认真地学习技术。

然而,人算不如天算,在田志永工作17年以后,变压器厂因未能适应市场经济濒临破产,进入并购重组倒计时。转瞬间曾经热闹辉煌的变压器厂,变得门罗可雀,连田志永所在的装配班也有42名员工被“挖墙脚”。面对这样的境况,田志永第一次强烈地感觉到企业的发展与员工个人之间的关系竟是如此密切。

心情低落的他散步至电影院门口,便买票走了进去,当时电影院里放映的是《卡桑德拉大桥》,这部旧电影竟让田志永落下了宝贵的男儿泪。原来,影片中工程师自建自毁掉的大桥,让他想到了自己的企业,他想:“毁掉企业的不就是咱自己吗?是咱工人没当好啊!”

从电影院出来,田志永打起了十二分的精神。他说:“企业可以重组,人不能垮掉,哪里倒下,就从哪里爬起来!”沈阳变压器厂重组后,田志永把企业的命运和自己的未来紧紧地联系在一起,谢绝了国内、外同行的一切诱惑,毅然坚守在“国变”基层的沈变公司。他说:“不管国企还是民企,都是咱工人报效国家的舞台,我就是要看到这个企业在咱们手里重新搞好。”

2003年年底,田志永被选中当上重组后的沈变公司超大型项目装配班班长。由于企业重组,资金并不充裕,第一个月发工资的时候,他拿出1000块钱分给了组员,他说:“兄弟们,难为大家了,不要嫌工资少,现在企业有难处,咱不能撒手不管,企业能否兴旺发展,全靠我们了,我们一定要干出个样子来!”

有一次,田志永去洛杉矶安装出口产品,对方的工作人员对田志永态度非常不友善，甚至到德国学习变压器技术时，也被国外同行排挤。这样被外国人蔑视的情况田志永遇到了很多次，他的民族自尊心被深深地刺伤，从此他立志做一名优秀而勇敢的旗手，发誓把五星红旗插到世界变压器行业的山顶上！

自此以后，他心系国家，坚持创新，奉献企业。同时，他的精神也深深地影响着周围的同事。企业员工的奉献核心价值就是承担责任，为了企业的兴旺发展，他毅然主动地担起这个重任。他知道，想要企业兴旺，必须把握产品的质量，于是他像对待自己的孩子一样，用心狠抓产品质量，揪住每台变压器的 50 多个关键点不放，每年堵住大大小小的质量问题上百个，保证了产品一次交验合格率 98%以上，达到了国内外同行业最高水平。

企业是否兴旺，与员工是否尽职工作密切相关。保障企业的兴旺发展是员工的使命，只有有了责任，员工才会像田志永那样积极主动、忠诚敬业地做好工作。田志永不但尽职尽责完成任务，还创新装配技术，兴旺了企业的发展，也升华了自己的人生，就像他胸前的“全国五一劳动奖章”一样熠熠生辉。

纵观每一个企业的兴旺发展过程，企业的员工都起到了极其重要的作用。员工心怀责任感去工作，将责任感融入到工作中的每个细节，工作起来会越来越有热情，工作也能做到完美极致。试想，如果员工懈怠工作、躲避责任，别说兴旺企业了，可能连分内的工作都无法完成。

员工若能主动担负起企业兴旺发展的责任，那么企业的兴旺就指日可待了。因此，唯有员工将自己视为企业兴旺的第一责任人，企业兴旺与个人发展，才能互惠共赢。在职场中，当员工有了责任意识，就能主动把自己的全部精力投入到工作中去，进而干出一番事业，促进企业的兴旺发展。

在江苏省如皋市，有一位智勇双全的弄潮人活跃在波涛汹涌的商海，她就是如皋市政协委员、如皋文峰大世界总经理顾晏。

顾晏的创业之路并非一帆风顺。2005 年，刚过而立之年的顾宴满怀信心地来到如皋。面对烽烟四起的商场,顾晏亲自到市场、摸行情,审时度势,果断地制定了"优化结构,强化营销,量化考核"的经营策略。

有了准确的策略,顾晏又围绕如皋市大多数顾客的需求,根据市场变化,先从女装着手,进行了大刀阔斧的品牌结构调整。通过一系列时尚前卫品牌的成功运作,顾晏意识到如皋市民并不缺乏对时尚服饰的消费能力,缺少的是具有市场号召力的时尚品牌。这个想法更加坚定了她通过"品牌集合来实现差异和错位经营,将如皋文峰大世界的经营特色凸显出来"的经营思路,制订了"用知名品牌引领时尚消费,用大众品牌满足百姓需求"的经营策略。

通过一系列的调整升级,如皋文峰大世界单品销售的业绩得以大幅攀升。2009 年,销售过百万的品牌已经有了 50 个,其中超过 200 万的品牌有 20 个,有些品牌的年销售额突破千万,商场销售额四年翻了近一番,年年居于文峰商贸各连锁分店榜首。2009 年上交税金 1382 万元,同比增长 85%。这一串简简单单的数据,印证了顾晏在服装销售领域的成功。

顾晏的企业之所以有如此兴旺的发展,是因为顾晏根据自己十多年的实战经验,创造性地总结了"消费者、供应商、员工"三位一体的经营理念。她认为企业的生产发展与员工的忠诚负责是分不开的。除此之外,企业的兴旺还需要培养供应商和顾客的忠诚,而这两者的忠诚度培养,都是员工在日常工作中逐步累积的。只有员工保持高度的责任心,企业才能越做越兴旺。作为一名企业的领导者,顾晏善待员工,积极培养员工昂扬向上,积极进取的精神。以增强员工的责任感、归属感和使命感。她始终强调,只有员工走得远,企业才能走得更远。

通过顾晏的例子,我们体会到:每一个企业都想兴旺,如果没有员工在这个舞台上发挥才能,尽心尽责地工作,企业就难以在市场竞争中谋取更好的道路,继而发展壮大。而如果员工的辛勤付出得不到企业的回报,长此以往，员工就会消极倦怠，对工作产生抵触情绪，进而影响企业的发展。因此，员工对工作不尽责，企业对员工不善待，两者都会阻碍企业的兴旺发展。

作为企业的一名员工，要清楚地懂得员工与企业之间是密不可分的。不管身在哪个岗位，员工只要在工作中担负起自己的职责，必然能够推动企业的兴旺发展。因为员工只有深刻地认识到在企业的发展中所背负的使命，才会在日常工作中严格要求自己，服从于大局，以真正的实力服务于企业，切实做到“企业兴旺，我努力；企业衰败，我负责”，真正做到与企业共同成长。

2 企业兴旺是员工毕生的使命

经济飞速发展时代，新主人翁精神正日益得到传扬，作为新时代员工，我们的发展不是孤立的个人发展，而是企业的兴旺发展紧密联系在一起的。当我们把企业的兴旺视为毕生的使命来奋斗时，企业的发展前景将一片大好，我们的成长空间也将更加广阔。

企业兴旺是员工的使命，也是企业与员工共同努力的目标和方向。当我们深知成功的机会始终垂青于勤奋之人时，就要懂得树立“勤奋工作，视企业兴荣为毕生使命”的信念，勇敢拼搏、积极进取、忠于职守、乐于奉献。这样的员工自然能够受到领导的赏识、企业的重用。

当一名员工领会了企业的发展精神，明确了企业兴旺的目标，就会瞄准发展的方位，快速地踏上驶向成功的列车。一个有使命感的员工，会全身心地融入工作，拥有清晰的奋斗目标，在处理工作或者与客户打交道时,会释放出一种特殊的能力把任务完成。

涂千强参加工作三十多年,不管是在普通的员工岗位,还是领导岗位,始终秉承认真做事、本分做人的优良传统,牢记员工的责任和使命。三十年来,他与公司一起历经风雨,不畏艰险,始终积极而热情地认真做好每一件事。他倾尽了毕生的精力为公司的兴旺和发展做出了努力,贡献了力量。

涂千强经过三十多年的拼搏学习,一步一个脚印,踏实认真地走好每一步,从一名普通的木工走上了公司的领导岗位,后来还担任了公司的工会主席。这一切的成功,都归功于涂千强的坚持。自从步入工作岗位,涂千强就意识到企业的兴旺发展是自己毕生的使命。

起初,涂千强在企业里长期从事行政管理工作,工会工作对他来说,十分陌生。公司开展工会主席的岗位培训时,涂千强由于要监管着江津工业园区的施工生产,所以根本没有时间参加培训。但是一向好学的他并未放弃这次机会,没有时间参加培训班他就自学,每天从工地上回来,查资料、翻书籍、读文件,很快便熟悉了工会工作。在后来的工会主席竞选中,他凭借个人的努力,最终击败众多竞争对手。

在涂千强的带领下,工会展开了行之有效的工作。由于业绩突出,公司工会获得四川省模范职工之家称号,多次荣获集团公司"创争"活动先进单位称号,被股份公司工会评为"二工"建设、工会财务工作、劳动保护等工作先进集体。2010年,在股份公司系统上千家基层单位中,获得群众安全生产监督员工作十佳集体的殊荣。涂千强个人也先后被四川省总工会、集团公司、股份公司工会评为优秀工会工作者。

作为公司工会主席,涂千强时刻把员工冷暖放在心上,把企业的兴旺发展视为毕生的使命。2007年,为了解决公司无房员工的居住问题,涂千强想尽一切办法在重庆市官家林为无房员工修建职工集体资建房。为此,涂千强带领一班人马积极开展工作，到重庆市建委进行项目的审批报建、召集职代会联席会议讨论出台分房办法、为集资员工争取住房公积金贷款。涂千强这样做，只是为了解除员工们的后顾之忧，让员工以更加饱满的热情和精力投入到施工生产中。

2010年2月，涂千强接到公司命令，要他前往西北负责组织兰新线工程的施工工作。这个项目是公司在西北铁路市场竞争中取得的重大突破，也是公司首次进军大西北的重点项目。所以，涂千强的担子有多重、责任有多大、任务有多难是很多人无法想象的。但是涂千强没有丝毫的推脱和迟疑，在接到任务后，他即刻安排好重庆方面的工作，率队奔赴兰新线，投入紧张的施工准备中。

在兰新线工程实施期间，赶上公司工会工作、社管中心有重要的事情时，他还会急急忙忙赶回来，处理好后又匆匆忙忙地赶回去。2010年4月，公司集中力量抢抓南涪线施工，涂千强又千里迢迢从兰新线赶回重庆。"五一"劳动节，他又带领工会和社管中心的同志一道到南涪线慰问，为参战南涪线的员工带去了组织的关心，极大地振奋了南涪干部职工的精神。当天晚上，在返回重庆的路上，随行人员问他这次回来是否可以在重庆多住几天，把"五一"节过完再走，涂千强却说："不行啊，兰新那边也很紧张，刚开工不久，要做的事多啊，我明天就要回那边去，机票都买好了。"尽管没有什么豪言壮语，但从这些朴实的话语中，大家感受到了他对企业那份浓浓的爱。正是他的这种大爱，这种忘我工作、无私奉献的精神，激励着兰新线上所有参战的员工。

2010年是集团公司标准化管理年。涂千强所分管的兰新两个项目部，按照"高标准，讲科学，不懈怠"的要求，积极推进标准化建设。进场伊始，就对管段全线驻地形象建设、拌和站和施工现场的标准化管理、文明施工统一策划，统一布置，统一要求。另外，还积极开展各种主题活动，丰富了工地现场职工的业余文化生活。这些以人为本、标准化管理的举措，极大地调动了员工的积极性，激发了员工爱岗敬业、乐于奉献的精神，充分展示了企业先进的管理理念和良好形象。

兰新线工程开工五个月左右，涂千强所带领的项目部就克服了重重困难，圆满地实现了在兰新铁路甘青公司张掖指挥部管段内第一根孔桩、第一个承台、第一个桥墩浇注目标。在日后以“大干100天”为契机，以“三个第一”与“三大亮点”工作方针，成功地谱写了公司乃至集团公司在兰新线甘青段施工建设的华章。

通过上述的例子，我们能够看得到涂千强将个人发展和企业的成功始终是融为一体的，多方面体现出一个有使命感的员工的“主人翁”精神。因此，如果能够明确地意识到企业的命运就是自己的命运，有了与企业同舟共济的信念，就会把企业的兴旺视为自己毕生的使命。只有全身心地投入到工作中，出色地完成任务，我们的事业才会获得成功，企业才会兴旺发展，我们的使命才能完成。

1960年.美国总统约翰·肯尼迪简洁而坚定地说：“我认为我们的国家应该在10年内完成将人类送上月球并安全返回地球的任务。”这句话很快就演化成一道宣言、一条组织原则。它不仅为一项登月计划，也为众多的政府人员和整个航天工业指明了方向。

自此，美国航天专家们，为了一个共同的目标，不懈努力。功夫不负有心人，在他们共同的努力下，最终美国航天员成功登上了月球。他们能够承担如此重任，而又满怀热情，忘我的工作，就是因为他们把自己看作是这项伟大梦想的参与者，他们在做的是一件非常有生命意义的事情，正是因为背负了使命，才会全力以赴。

企业兴旺，是我们的使命，是企业与员工共同奋斗的目标。作为企业的员工，我们应该全心全意服务于企业，与企业同舟共济，挥戈猛进，让企业载着我们扬帆远航，取得真正的胜利。

3

回报企业是每一名员工的职责

企业是员工实现梦想的平台，企业为我们提供工作的机会和发展空间，每一个员工在得到酬劳及福利待遇的同时，还多方面地展示着自己的才华，发挥着自己的才智。为了更好地在这个平台上完善自我，实现自我价值，每一个员工都应该将回报企业作为自己的职责和义务。在企业需要时，我们应义不容辞地站出来，义无反顾地担当起责任，为企业兴旺，坚持不懈地努力奋斗。

在职场中，怎样才能攀登上成功的高峰呢？对企业报以感恩之心，以高度认真负责的态度，踏踏实实做好每一件工作，将回报付诸行动。回报企业，不是口号，不是口头承诺，而是职责和义务。履行义务，践行职责，是每一个员工都必须自觉用行动来印证的。唯有实实在在地行动，才能助你在职场中取得成功。

在职场中，如果员工把回报企业视为自己的职责，就会获得一笔宝贵的财富。因为员工要想回报企业，定然会忠于企业，充满自信，排除万难，圆满地完成工作。除此之外，员工有了回报企业的责任感，才能够清晰地认识到自己的职责是什么，能够勇敢地扛起这份职责，同时这样的员工会被赋予更多的使命，进而有更多的机会获得更大的荣誉。作为员工要想在职场中有所建树，就要始终把回报企业视为职责，因为扛起它就是扛起生命的信念。

周贺云是一名尽职尽责，感恩企业，回报于企业的优秀员工。经过40多年的努力，她从最基层的员工成长为一名领导者。现在她已经是河北钢铁集团唐山钢铁集团有限责任公司董事、党委副书记、工会主席。凭着突出的工作业绩，她先后获得

“河北省优秀企业思想政治工作者”、“全国机械冶金系统优秀工会干部”、“全国优秀工会工作者”等称号，1999 年被河北省政府授予“企业改革标兵”(河北省劳动模范)，并先后三次当选为中国工会十三大、十四大、十五大代表。

她热爱自己的工作，有着强烈的事业心和责任感。她勇于实践，勇于创新，在每个岗位上都倾尽心血。当她步入领导岗位时，她更是心怀感恩之心，倾尽自己的力量回报企业。她以高超的政策水平、高占位的工作思路和勇争一流的不懈追求，使唐山钢铁有限责任公司工会各项工作始终处于省市先进水平，多项工作获得全国先进奖项。

周贺云始终把企业视为自己的根，她的工作动力也是源于对党、对国家、对企业的感恩之心。她说：“我从一个煤矿工人的孩子走上领导岗位，我一直对企业怀有感恩之心。是企业培养了我，我必须严于律己，用忠诚的工作回报企业，同时我也会像爱护自己的生命一样珍视我在职工中的形象。”周贺云并不是一个特别感性的人，但是这句感性的话，正是她四十几年来，不懈努力，不断追求的内心写照。

身为国有企业的工会主席，倘若周贺云没有开阔的视野，广阔的胸怀，清晰的思路，是无法胜任这样的工作的。面对新形势下国有企业的发展，她说：“在企业调结构，转方式，积极创建科学发展示范企业的新形势下，在企业面临巨大经营压力的艰巨任务下，唐山钢铁有限责任公司各级工会组织一定要把推动企业发展作为崇高责任，一定要把维护职工权益，服务职工群众，增强企业凝聚力作为神圣义务。”

的确，周贺云把企业的发展视为自己的责任，把对企业的回报视为自己的职责和义务。因为这样她才能牢牢把握“融入中心，服务大局”的工作方向，坚持站在企业大局谋划和开展工会工作，在大局中讲维护，在维护中谋发展。对唐山钢铁有限责任公司的劳动竞赛她坚持一贯的高要求，她反复强调：无论开展什么竞赛都必须与企业的中心任务、重点工作紧密结合，无论什么时候都必须高扬主力军旗帜，激发出3万多名职工的劳动热情和创造活力，时刻吹响工会的“冲锋”号角。

在周贺云的领导下，各级工会组织不断加大竞赛组织力度，扩展竞赛范围，从挖潜增效、成本质量控制到安全生产、节能减排，从自主创新、环境保护到能源利用、后勤服务等企业所有重点工作和重点指标全部被纳入竞赛考核体系，并且贯穿了从炼焦、炼铁、炼钢、轧钢到成品发货的生产经营全过程，覆盖到生产辅助和医院、生活等各个领域。在唐山钢铁有限责任公司，企业劳动竞赛形成党政工协调联动，职工全员参与、企业全过程组织、各系统全面覆盖的良好局面。全体职工以高昂的热情投入竞赛，劳动竞赛的效果得到充分显现。高炉平均利用系数2.5，综合焦比480kg/t，转炉炼钢工序能耗－19.5kgce/t，热板成才率99.13%，冷板成材率96.91%……

在唐山钢铁有限责任公司积极应对市场挑战的过程中，全体职工与企业同舟共济，焕发了巨大的工作热情，使最困难的时期，成为唐山钢铁有限责任公司各项工作进步幅度最大的时期，各项技术经济指标提升力度最大的时期。2010年，唐山钢铁有限责任公司10项主要技术经济指标稳居行业前三名，3项名列第一。唐山钢铁有限责任公司全年产钢1680万吨，实现利润9.02亿元，挖潜增效总额36.8亿元，创出年度挖潜增效历史最好水平。这一年职工共提出合理化建议8975项，创效总额达5300多万元。

自此以后，唐山钢铁有限责任公司彻底摆脱钢铁企业“傻大黑粗、灰头土脸”的旧形象，清洁生产实现历史性跨越，被中钢协誉为“世界最清洁的钢铁企业”。2011年5月，唐山钢铁公司再次荣获全国“五一”劳动奖状。这次的成功实属不易，在市场竞争如此激烈的形势下，唐山钢铁公司的成功更加凸显了企业职工的凝心聚力的强大合力。唐山钢铁有限责任公司的实践充分证明职工是推动企业发展的决定力量,是企业最宝贵的财富。周贺云最后表示“我们在对企业负责的同时,必须对职工负责。在企业发展的同时,要义不容辞地为职工成长成才搭建平台,实现职工自身的发展,而职工也要始终把回报企业视为自己的责任和义务。”

周贺云在事业上的成功,在企业中身居举足轻重的地位,是她懂得回报企业的结果。在工作中,周贺云不管身在何位,她始终坚持服务企业、回报企业的信念,正因为如此,才会做出突出的成绩,展示出色的才能,为企业和个人获得了双赢。

众所周知,在职场中,积极主动的品质是员工做好工作,赢得更多发展机会的关键。然而员工积极地做好工作固然重要,但能够积极主动地担负起回报企业的职责更不可或缺。如果员工不仅能够了解自己在做什么,还能够清楚这样做能给企业带来哪些回报,就一定能为企业创造财富,并成为能够担负企业发展重任的员工。

事业成功是职场人一生的追求,但成功是不会自动找上门来的。任何成功都需要主动争取、积极努力。员工想要肩负起职责,回报企业,唯有树立回报企业的信念,以热情专注的工作态度,积极主动地担负使命。

回报企业是员工的职责。员工因为有了回报企业的信念,才会有积极的心态,热情专注地做好工作。专注是员工的立业之本,专注是事业的成功之魂。作为一名职场员工,我们应该热情、专注、踏实地工作,尽自己最大的努力,为个人、企业乃至整个社会创造价值。只有做到了专注,才能将有限的精力、智慧集中到一件事情上,才能最大限度地发挥积极性、主动性和创造性,才能创造财富,用辛勤的工作成果来回报企业、促进企业的长足发展。

4

企业兴旺是我们的共同愿景

愿景就是展望未来，将头脑中的所思所想在现实中构建出蓝图，清楚自己所要达到的目标。企业兴旺是企业和员工共同的愿景。对于企业来说，兴旺发展的过程犹如人生的各个阶段，在实现目标之前，要明确所要追求的目标以及选择的方法、所走的路径。员工在工作中累积客户的需求和想法，努力为企业创造价值，帮助企业走向兴旺之路，与此同时，员工个人的发展和境遇也会随之兴旺发达。

愿景，其实也是一种理想，能够加入一家兴旺而有发展前途的企业是每一个员工的理想。企业不断发展壮大，需要有一支优秀的团队来完成，需要团队成员个个出彩，能够团结进取、相互支持，坦然面对路途中的挑战和障碍，为实现企业兴旺的愿景共同努力。倘若员工不把企业兴旺的愿景视为与个人发展共同努力的目标，就会在工作中懒于勤奋，疏于认真细致，最终在竞争激烈的职场中处于被淘汰的境地。

企业兴旺是企业与员工共同的愿景。作为企业的一员，立足于为企业的兴旺而努力，一旦企业兴旺起来，我们的发展更是如鱼得水。之所以说企业愿景的实现需要员工共同努力，是因为企业的兴旺就像一场拔河比赛，如果员工不齐心协力，奋斗的方向不一致，就很容易被对手击败。

1999 年，马云创办了阿里巴巴网站，与其共同开拓这个电子商务应用的还有 18 名员工。历经八年的艰辛努力，2007 年 11 月 6 日，阿里巴巴在香港联交所上市，当时上市市值约 200 亿美元，成为中国市值最大的互联网公司。马云和他的创业团队，由此缔造了中国互联网史上最大的奇迹。

所谓“不鸣则已，一鸣惊人。”用这句话来形容阿里巴巴的成功最恰当不过。八年的苦苦追寻与努力，阿里巴巴兴旺了，马云成功了，他的团队中的每一个人都成功了。阿里巴巴上市，瞬间诞生了数个亿万富翁，数十个千万富翁，平均计算的话，阿里巴巴的每一个员工都成了百万富翁，至少有一千个人成了实际意义上的百万富翁。这个传奇，马云和阿里巴巴以近乎完美的形式向世人彰显了新经济形势的魅力。

相信，当年和马云一起创业的18个员工，一定没有想到，只是短短八年的时间，他们梦想中的财富就降临了。八年来，他们只是尽职尽责地做好分内工作，执著而顽强地同马云，同企业一起度过了艰难的创业、互联网低潮和坚韧地打拼阶段。凭借自己的努力和能力、凭借对待工作的全心全意态度、凭借对企业的责任感和忠诚度，他们共同的努力促进了企业的发展，成就了企业的兴旺。因为尽心尽责的与企业结成牢不可破的利益共同体，最终，他们与企业一起收获了巨大的成功。

如果员工能够视企业的兴旺发展为共同愿景，主动地把企业的成长当成自己的责任；如果员工在日常工作中，以企业的兴旺发展为目标，倾尽全力，忠诚尽责地做好每一件事；如果员工能够以积极热情和主动的态度对待企业中任何事情，用行动促进企业的进步，提高企业的竞争力，企业兴旺的愿景自然会实现。

企业的发展是有秩可循的，企业之间的竞争、职场的竞争也是有规律可循的。企业要想在竞争中立于不败之地，快速走向兴旺的发展道路，就要树立一个清晰的愿景，并进行科学合理的规划。而在职场中有所建树的成功者，大部分也是在企业发展的过程中，为达成企业愿景做出过突出贡献的员工。

付志新是刚入职场的新人，刚进公司时，只是一名普通的职员。他每天负责的工作很简单，就是做相关数据的统计和整理，有时还会帮助其他同事查找资料或复印资料等。在其他同事眼里，付志新的工作不仅枯燥乏味，而且没有任何发展前途。

但是付志新并不这样想，他十分珍惜这份来之不易的工作。

在工作过程中，他会全身心地投入进去，任何琐碎的事儿都不曾懈怠。很多时候，他都是早来晚归，尽力把工作做得尽善尽美。有时候，他不仅做好本职工作，还会帮经理做一些额外的工作。为此，不少同事在背后议论他，不是说他傻，就是说他谄媚上司。对于同事们的议论，付志新一笑了之，也不解释什么，继续一如既往地对待工作。

可是付志新到公司工作不到一年，因为经济危机的影响，公司原先的订单出现了不少退订的现象，业务也呈下滑状态，之后不到两个月公司就出现了资金周转困难。面临这样的情况，不少员工纷纷递交辞呈，到财务领了薪水就离开了公司。

眼看公司的员工越来越少，最后，公司除了一些管理层职员，普通职员所剩无几。付志新作为新员工，没有选择离开，而是主动承担了更多的工作。他知道只有公司兴旺发展了，自己才有进步发展的平台。

在付志新和同事们的共同努力下，公司的情况开始渐渐好转，业务逐步呈上升的趋势，不到半年的工夫，运营就回归了正常轨道。付志新在公司的危难关头，表现出了无私奉献的精神、忠诚的态度和高度责任心，视企业的兴旺愿景为自己的责任，这份赤诚之心被领导看在眼里，因此受到了领导的重用，被提升为公司的部门主管。

付志新在企业的兴旺发展过程中，与企业同心同德，把企业兴旺视为与自己的前程同等重要的愿景，努力做好本职工作，为企业的发展贡献力量，也得到了企业领导的认可，为事业的发展奠定了良好的基础。由此可见，员工心怀贡献企业、振兴企业的信念，不仅能使工作成效显著加倍，还能推助企业的发展更上一层楼。

作为企业的员工，如果我们不能够意识到企业的兴旺发展与自身利益有如此密切的关系，就会在职场中迷失方向，在工作中懈怠工作，长此以往，不仅有碍自己的进步，也会给企业的兴旺发展带来危害。

新年伊始，一家广告设计公司新招入了几个才华出众的设计人员。进入公司之初，设计人员们都齐心协力，团结奋进，遇到什么问题，就相互讨论，商量着拿主意，以公司的发展为首要目标。因此，公司的业务一天天地增长，效益不断上升，公司显现出一片大好的发展前景。

可是，随着公司的效益不断增加，几名设计师们对奖金的分配产生了分歧。他们都认为自己为公司的兴旺发展做出的贡献最大，公司给予的回报却最少。为得到自己期望中的利益，甚至有的人擅自违反公司规定，在外面私自揽活。

时间长了，这件事被上司领导发现了。领导狠狠地批评了他们，并给予了口头警告。设计人员们虽然口头上答应了，背地里却还是小心翼翼地接私活。由于设计人员总是揽私活，导致他们在公司的作品质量严重下降，最终领导辞退了其中一个行为比较过分的设计人员。

这个设计人员在被广告公司辞退后，便决定去找之前做私活的客户，以便求得一份工作。但是那些公司对他这种只顾个人利益，而把企业利益抛之脑后的行为深恶痛绝，拒绝给他提供任何工作的机会。他们拒绝设计人员的理由很简单："你的设计是很好，但是你在之前的公司只顾自己的利益，来到我们公司自然不会替公司的利益着想。我们企业发展进程中，不需要你这样只顾私利，不顾企业利益的员工。"

通过以上事例，我们可以很清楚地认识到企业能否兴旺发展与员工是否与之一心有很大的关系。那些懂得与企业兴旺共同发展的员工，会以大局利益为重，会把企业的兴旺发展视为自己的责任和使命，绝不会为了自身的利益而损害企业的利益。

如果说企业兴旺是我们必须肩负起的使命，那么企业兴旺发展就是我们共同的目标。我们只有毫无保留地融入到工作中，确定清晰的目标，明确前进的道路，企业兴旺的目标才会赋予我们力量，并提升我们受到认可的能力，当我们以足够的能力团结在一起的时候，任何障碍都无法阻挡我们前进的步伐。不管实现企业兴旺的目标之路有多坎坷，只要我们齐心协力、众志成城，就能够实现企业兴旺的愿景。

5 为企业奋斗就是为自己奋斗

企业的发展不是一朝一夕的事情，同样，一个人的成功也可不能一蹴而就。企业兴旺与个人成功一样，都是不断努力、不断奋斗的结果。如果说企业的兴旺发展是员工必须肩负的使命，那么员工为了肩负起这份使命必然需要坚持不懈地努力奋斗。置身职场，每位员工都应该明白：员工与企业之间不再是单纯的雇佣关系，而是一种合作互利关系。所谓的“唇齿相依，荣辱与共。”就是如此，员工为企业奋斗就是为自己奋斗，企业兴旺了，员工自然随之兴旺。

如果说企业是一座建造历史久远的亭台，那么员工就是依附廊下生长的紫藤萝。紫藤萝因为有了亭台，才有了向上生长的空间，而古旧的亭台也因为有了紫藤萝的依附变得更有韵味。随着经济不断发展，竞争持续加剧，企业和员工之间相互依存、共同发展的关系愈加密切。越来越多的员工也意识到：要想通过工作实现理想，就必须把企业的兴旺与自身的发展结合在一起，为企业的兴旺发展而奋斗就是为自己的进步而奋斗。

“一滴水只有放进大海里才不会干涸”，在一个充满生命力的企业中，总不会缺少倾尽自身力量努力地做好工作，用辛勤和智慧不断为企业增添竞争力和活力的员工。

1970 年，张凤莲十八岁，花一样的年纪，就开始了铣床机械的技术学习。她每天都跟在师傅旁边，认真学习技术。在机械冷加工行业，人们都说铣工是万能的，因为这项工作不仅要求操作技能强，而且技术要求高，是一项重体力与技术相结合的工作。因此很多人都说张凤莲这工作做不长，然而好强的她却不肯服输，越是不被人看好，就越是努力。

想要几十年如一日地做好一项工作，仅凭热情是远远不够的，还需要丰富的理论知识和实践经验。要知道铣床工除了要看懂理论制图外，还有许多复杂的计算，这对于只有初中文化的张凤莲来说，难度可想而知。于是张凤莲从语文、数学基础知识开始，一步步攻克难关，这种自己给自己加压的习惯一直坚持至今。

在工作岗位上，张凤莲始终尽忠职守，厂里来了一批又一批的新人，她都尽职尽责地耐心教导，因为她知道，今天的努力不仅仅是为了自己，更是为了企业的兴旺发展。有一次已到下班时间，却突然来了30件电动机支架的任务，要求必须在第二天上午下班前完成。时间紧，又来不及重新设计图纸，张凤莲二话没说就按零件尺寸来画草图，自找毛坯在机床上铣削加工所需的定位面、占铰定位孔，熬了一个通宵，终于做出了一个简易工装，试铣完全符合图纸要求的产品。按照试铣产品的参照不到3个小时就把30件支架加工完成，既保证了产品质量，又提前完成了任务。这样的事情，对张凤莲来说已是家常便饭。34年来张凤莲陆续带出了十几名徒弟，有的还成为分厂的技术骨干。

“小车不倒只管推”，这是张凤莲最崇拜的一句俗语。对于张凤莲来说，铣床是伙伴，也是她事业的根，她的快乐和自豪也在这里，铣工是她心甘情愿为之付出半生的职业。34年来，张凤莲一直在生产一线开铣床，担负着全公司五大主机厂的维修急件、工装夹具、模具、新产品试制、外协件加工等工作。在长期的铣床加工过程中，为更好更快地完成紧急零件任务，张凤莲还动手改装了不少工装夹具，仅专机曲车刀体铣夹具就设计了四套，在装备厂已成为经典发明。经她设计制造的工装、夹具多达120多种，是装备厂的一笔巨大财富。

经过几十年的经营发展，玉柴集团由单一工厂经营，逐步发展成为由玉柴集团公司通过投资与经营管控相结合的经营手段开展的集团化经营。通过多种资产重组方式和融资手段，玉柴集团已由单一国有资产结构，转变成多种所有制经济成分并存，跨地区、跨行业、多品种、多元化经营的企业集团。2004 年玉柴集团拥有总资产 105 亿元，销售收入超过 107 亿元，居全国同行业之首。

随着公司的不断发展壮大，张凤莲也在不断地进步。由于个人业绩突出，她曾先后 12 次获公司先进生产者，8 次获公司优秀党员称号，7 次获公司“三八”红旗手，获得过广西机械厅先进生产者称号，自治区“三八”红旗手称号。1997 年获全区职业道德先进个人，1998 年获全区“爱企业优秀职工”，1999 年获广西劳动模范，2001 年获全国五一劳动奖章。现在，张凤莲已经是退休近十年的技术工人，但是她顽强拼搏，努力奋斗，尽职尽责的“主人翁”精神和故事依然流传于玉柴机器股份有限公司生产的最前线。

细想下，如果企业员工工作不够认真，对待工作懒散懈怠、偷奸耍滑、斤斤计较，缺乏奋斗拼搏精神，那么这个企业很难兴旺发达。一名员工如果不努力工作，别说为企业的兴旺发展贡献力量了，甚至连谋一份稳定的职业都很难。企业自身是无法创造价值的，它的兴旺和发展需要员工通过积极努力思考和行动，充分发挥能动性和创造性为企业的发展奋斗拼搏，贡献力量。

所以，企业的兴旺发展与员工的努力奋斗是分不开的。只有企业的所有员工共同努力，企业才会有更好的发展，从而员工的生存与发展才会有保障。员工倾尽心力为工作奋斗，既是为了企业的发展，也是为了个人职场的发展。

有人说一个人的价值不在于他得到了什么，而在于他奉献了什么。所以，成功的人必然是最懂得奋斗和奉献的人。王钦峰就是这样一个懂得奋斗、乐于奉献的员工。出身于农村的王钦峰，现在是山东豪迈机械科技股份有限公司电火花科研组组长。他是这家民营企业里第一批员工，也是这家企业的十大股东之一。如今，王钦峰的持股价值已过千万，而他所任职的豪迈机械科技股份有限公司，也从一家小小维修车间成长为一家市值过千万的公司。

1992年，初中毕业的王钦峰，抱着“学个一技之长，以后走到哪儿都不愁饭吃”的简单想法，来到了镇上一家企业的维修车间(豪迈机械的前身)打工。刚进车间的王钦峰只有十七岁，但他很勤奋好学。豪迈机械模具生产部的总调度于海洋说：“早来晚走，不光请教我，车间里好多师傅他都问，而且动手能力强，进步特别快，别人还在干学徒，他就顶岗了”。真正让他对王钦峰动心的，是后来厂里赶一批活，不知为什么效率远低于同行，只好增加人手，于是把王钦峰也调到车床上加班加点。干了三四天之后，王钦峰就来找他，说感觉刀具可以改进。调整后，加工效率很快就提上来了，从过去一班只能生产15件一下子提升到50件，大大超过了同行。看到刚进入这个行业不到一年的王钦峰就有此番成就，于海洋笑着说：“当时我就感觉，这小伙儿，准行!”

在一次同学聚会上，王钦峰看到不少同学因为上了大学，说话做事都不一样了，才恍然觉悟到学习的重要性了。于是在工作中，他遵循着“缺啥补啥”的学习方法，利用业余时间悄悄自学起机械制图，两年时间啃下了3本习题集。1997年，公司派他到泰安学习电气知识，他用刚发的工资买了一台小录音机，听着录音，对着机床，翻着书本，反复琢磨，硬是啃了下来。这么多年过去了，王钦峰已经养成了勤奋好学的习惯。

知识的积累为他打开了创新的大门。1997年，企业跟客户签订了轮胎模专用电火花机床的生产合同。当时只有一份根据客户描述画出来的机床总装示意图，并没有专业的工艺设计图纸。由于当时企业没有机械设计人员，因为知道他自学过，就让他负责机械部分的制图。经过七天七夜，他画出了近200张零件草图，这相当于一个熟练工程师一个月的工作量。最终他和同事们一起，设计生产出国内第一台轮胎模专用电火花机床，并获得国家专利，填补了国内空白，改变了国内轮胎模具手工、半手工加工的历史。轮胎模专用电火花机床后来成了企业的主导产品，让企业走出了“来什么干什么”的困境，用董事长张恭运的话说，是“在企业发展的关键时期起到了关键性作用”。

就这样，王钦峰成了企业技术创新的骨干，开始从事研发工作。在一般人看来，初中毕业的农民工，能搞研发很体面，王钦峰也很高兴，不断创新解决问题，促进了公司产品的不断完善。2009年底，先后在企业里任职品保、管理等工作的王钦峰又回到了他喜欢的研发岗位，任电火花小组组长。重拾研发工作，他常常向公司这几年聘请来的工程师、大学生请教，“我把自己的心态归零，我对自己的能力有信心！”去年初，他带领团队开始研究电火花节能电源，下半年就试制成功，经过不断完善，现在已经开发到第三代产品，达到国际领先水平，开始在企业小批量更换推广，节电50%以上。仅这一成果的应用，一年就能为企业节约200多万元的成本。企业可以同时是员工实现自我价值、发挥社会价值的平台，员工是企业紧密的合作伙伴。这种和谐、共赢的关系，不仅为企业创造了竞争优势，亦为社会的和谐稳定贡献巨大。

现在，王钦峰为所在的公司已经完成了40多项工艺革新，设计出20多种专用设备和量具，获3项国家专利和1项省科技进步三等奖，成为企业核心技术的主要研发者，并获山东省劳动模范、全国“五一”劳动奖章，2010年还被评为全国劳动模范的农民工。

王钦峰的成功，一半源于他自身的努力和勤奋，另一半则源于他把自身发展和公司的发展融为一体的共命运精神。员工努力奋斗、拼搏工作能够给企业创造财富，为企业的兴旺发展做出贡献，同时，也能够为员工自身的发展创造机会。

当员工一旦步入企业，命运就与企业的发展紧密地联系在一起了。倘若公司之船能够平稳安全地行驶，那必然能够带领员工乘风破浪，一起抵达成功的彼岸。相反，在行驶中，遇到风雨、暗礁等风险时，如果员工不齐心协力、奋力拼搏，企业之船就有可能葬身海底，而员工必然也无法逃脱葬身鱼腹的命运。

身为企业的员工，我们要明白企业是一个整体，员工们共同奋斗、担负着企业兴旺发展的使命。这奋斗既是为了企业，也是为了我们自身，就像飞鸟翱翔，必然离不开天空一样。

6 我们不是“外人”，而是企业的“主人翁”

在这个社会，绝大多数人都必须从一个普通的员工做起，为自己的职场发展打下牢固的基础，也为实现自己的理想而奋斗。只要是企业的一员，我们就有义务投入忠诚，有责任全身心地融入企业，处处为企业的利益着想。因为身为员工的我们不是“外人”，而是企业的“主人翁”。

首先，从企业的角度来看，如果每一个员工都有主人翁意识，就会在工作中落实主人翁精神，那么，员工就会把工作当成自己的事业来做，如此一来，企业就会具备强大的竞争力，在市场竞争中不断兴旺发展。同时员工自身也会因此得到更多的机会，老板也会为其提供更好的发展平台。

赵林中作为富润控股集团董事局主席、浙江富润股份有限公司董事长，他始终把对员工的关怀作为企业发展的中心线。也正因为如此，富润控股集团才会先后6次实施对22家国有困难工商企业的兼并，承接债务9亿多元，接收国企职工9450余名。

在富润控股集团，赵林中始终把员工视为家人，他说："企业好比一个家庭，企业领导人好比是管家，要像对待主人一样善待每一位员工。"有了赵林中的这句话，富润控股集团的员工们也会时刻告诉自己："我们不是外人，而是企业的主人"。

这些并不是语言上的美化，赵林中通过行动，让员工切身地感受到自己是企业的主人。有一年腊月二十七傍晚，一个姓蒋的普通纺织女工在回家的途中不幸惨遭车祸，造成重伤。当赵林中得知这一消息，立即从财务那开了10万元的支票，急匆匆赶到医院。他找来院长、外科主任医生等，当场拿出支票，请求他们："无论多少钱，也要把人抢救过来。"

此后3天，包括赵林中在内的三位公司领导各带4名职工值班，24小时分三班轮流守护在蒋师傅身边。此情此景，在场的医务人员都情不自禁地说："富润的工人真值钱，我们很少看到一个企业的领导班子为一名普通职工的安危如此操心。"

尽管赵林中带领着企业的员工，一起为挽救蒋师傅的生命而努力，可惜天公不作美，最终，蒋师傅因伤势过重，在大年三十那天离开了人世。听着满街的爆竹声，赵林中想："唉，蒋师傅一家除夕之夜要过不太平了。"于是，他马上通知企业领导班子成员，一起到蒋师傅家里过年。

看到赵林中等企业领导在除夕之夜来陪自己吃年夜饭，蒋师傅的丈夫万分感动，哽咽着说："林中，我们只是普通家庭，你如此关照，老伴一定得含笑九泉了……"

经过这件事，赵林中给自己定了这样一条规矩，凡是职工生病住院，企业领导一定得挤出时间到医院去看望。职工去世了，他除出差及特殊情况外，都会亲自去参加追悼会。有位职工动情地写信劝他："现在企业有万余名职工，这种事很多，你平时又那么忙，以后你就不要再出面了。"

赵林中的回答很实在："一个企业好比一个大家庭，哪有亲属不在了，家人不最后送一程的？我不过是企业领导，我去一去也许能给死者家属带来些安慰，难道我连抽出四五十分钟的时间都做不到吗？"

富润控股集团之所以能够在竞争激烈的市场中一直立于不败之地，就是因为企业里上至董事长，下至一名普通的员工都把自己的工作融入到企业的发展中。在富润控股集团，没有一个员工会把老板视为监工，因为他们对企业有着浓厚的热爱之情，任何工作他们都会自发地投入热情，全心全意地做好，最终众志成城，齐心协力为企业的兴旺发展奉献力量。

企业的兴旺发展离不开员工，而员工唯有把自己视为企业的主人，才会自动自发、满怀激情地做好工作。优秀的员工都是具有主人翁精神的，他们会高度负责地把企业的发展与自己的荣辱联系在一起，以老板的心态对待企业，发展企业。

英特尔总裁在一次演讲中也说过："不管你在哪里工作，都别把自己当成员工，应该把公司看作是自己开的一样。"这句话让人们体会到：只有员工把自己当成企业的主人，在工作中发挥主人翁的精神，才会取得更大的成功。

周利军的父母都是天津石化公司的员工。1993年7月，年满二十岁的周利军大学毕业以后就毫不犹豫地选择了父母曾经工作过的天津石化公司化工部。

当时，周利军的父亲已经去世，在去单位报到的前一晚，周利军的母亲就反复叮咛："利军啊，上班后，要好好干，在厂里听领导的话，多向叔叔阿姨学习请教，争取干出成绩来，别给家人抹黑。"周利军看着日渐苍老的母亲，沉重地点了点头。这一刻，他暗自告诉自己，一定要成为石化公司里一名优秀的员工。

进入工厂后，周利军便一头扎入生产装置现场，凭着一股子拼劲和韧劲，仅用了半年的时间，就将生产流程了然于胸。1997年，周利军加入了中国共产党。他说："现在回想起我入党宣誓的时候，我还感觉特别激动。入党是一个人一生的事，我要用我这一辈子，践行我对党的承诺，就像誓词里说的那样，为共产主义事业奋斗终生。”

在石化公司，周利军只是一名普通的工人，但是他却有着强烈的主人翁意识，对企业怀有深深的感情。随着他在石化行业的知名度越来越高，很多民企、外企都想让他跳槽，有的甚至许以高额年薪，几乎相当于他现在工资的10倍，但周利军丝毫不为所动。有人替他惋惜，他却淡淡地表示：“钱多并不一定幸福。我是天津石化的子弟，是石化众多的领导和老师傅培养了我。我在这里出生、成长，这里有我的事业和追求，在这儿干我心里踏实。我只做了自己应该做的事，但领导和同事却给了我很多荣誉，我舍不得离开这个企业，我也舍不得我们这个团结协作的优秀团队，我更舍不得离开这个党组织。”

对企业的热爱，使周利军不满足于个人的进步。他利用各种机会，影响和激励身边的同事共同学习、勇于争先，毫不吝啬地帮助年轻人。周利军先后带过47名徒弟。如今他们都成长为技术骨干和操作能手，其中获得技师称号的有8人，提出工艺攻关和合理化建议91项，累计创造经济效益2700多万元。现年32岁的车间技术组组长霍道勤就是周利军众多弟子中的佼佼者。曾多次作为专家到兄弟石化企业指导装置开工的霍道勤至今还记得周利军对他说过的一句话：“你即使作为一名操作工，也要成为最牛的那一个。”周利军的人生格言，使他和他的弟子们受益终身。

周利军用行动验证了自己努力，他说：“混也是8小时，学也是8小时，干也是8小时，不管在什么岗位上工作，即使不能成为最好的，但起码要成为最努力的。”参加工作以来，他凭借自己锲而不舍的奋斗精神和大胆创新的意识，曾先后参与科研项目5项，工艺攻关项目10余项，提出合理化建议108项，为企业增效4600万元，节约成本1170万元。2007年，周利军荣获天津市工人发明家称号，2010年当选全国劳动模范。

周利军为何能获得如此殊荣？相信聪明的你已经发现了其中的奥秘。也许周利军不是企业里学历最高，最聪明的员工，但是他一直把企业视为自己的家，把自己看做是企业的主人，把企业里的工作当成是自己家里的事情来做。由此以来，必然能时刻站在老板的角度上思考问题，以主人翁心态对待工作。所以，他才能在岗位上更好地提高工作业绩、提升自身的价值，进而有能力担负企业兴旺的重任。

如果你现在只是企业里的一名普通员工，也不必懊恼，而是要明白职场的发展是个破茧成蝶的过程，平凡经得起修炼自会成长为卓越。作为企业的一名员工，我们如果不把自己当外人，自觉背负企业发展的重任，以主人翁精神做好每一件工作，那么，一定会成为老板的“自己人”，成为企业真正的主人。在企业的平台，我们也将得到更多展示自我的机会，企业的荣耀也闪烁着我们的光辉。

第二章

责任在我：扛起企业兴旺之责，努力实现人生价值

责任心是衡量员工综合素质最重要的内容，也是决定员工工作成效的首要因素。在企业中，能扛起企业兴旺之责的员工，才是企业最宝贵的财富。肩负企业兴衰荣辱，是一个员工追求实现人生价值的最好诠释。以高度的责任心去工作，与企业共同成长，将责任落实到位，这样的员工势必会推助企业兴旺发达，实现人生价值。

1

与企业共同成长，扛起企业发展重任

人是自然界中的一员，人类与大自然中其他的生命一样有着天生的使命，就像蜜蜂采蜜，鸟类筑巢，候鸟迁徙，蜉蝣在仅数小时的生命中追求爱情。万物皆有归宿，人类作为自然中的万物之灵，更应该在短暂的人生中承担起自己的责任，履行自己的职责。

许多人问，人为什么来到这个世界上？其实，每一个人都希望在短暂的人生中绽放自己的美丽，哪怕只有几个小时。人生的意义在于使命，每个人都需要一种使命感，这种使命感体现在劳动和工作中，劳动和工作是人的天职。

每个人都希望通过辛勤劳动实现理想，那么，作为企业的一名员工，如何实现自己的理想呢？在观念时代背景下，每一个员工的成功都离不开所在企业的成功。只有与企业共同成长，相伴相随，荣辱与共，用自己的力量为企业创造财富，把企业从困境中拽起，肩负起企业兴旺的重任，才能够真正实现自己的人生价值，完成自己的使命，在短暂的人生中绽放绚烂的光芒。

王文涛，是福特公司的一名员工。全球福特的多个工厂都有过王文涛的足迹，他做过车辆工程师、首席信息官(CIO)，被美国福特汽车公司派驻江铃汽车股份有限公司后，担任了财务总监一职。

十年前的江铃汽车股份有限公司，只有轻卡这种单一产品，在中国汽车行业上只是普通的制造商。现如今它已经成长为中国商用车行业最大的企业之一，并荣获了由海外《财务总监》杂志评选的中国上市汽车公司营运资金管理第一名，中联财务顾问公司对中国上市汽车公司财务业绩评价的第一名。江铃的成长离不开江铃全体员工的共同努力，也离不开王文涛对江铃的奉献。也正因为江铃取得的成就，王文涛荣获了中国 CFO（财务总监）大奖。

1995 年，作为派驻江铃的第一批经济技术专家，王文涛身上充满了斗志。他认为，虽然江铃的实力还不足，但中国汽车企业有着巨大的发展潜力，而江铃的工作氛围又非常好，在这里一定可以充分发挥自己的才华，实现自己的事业理想。

王文涛将自己在财务管理方面学到的本领充分地投入到江铃，给江铃注入了全新的管理理念，为江铃打下了坚实的发展基础。他运用财务分析来管理公司，并通过这种体制使成本管理、财务体系的科学运营得到了加强。他还参与并具体负责了改进江铃财务系统，完成信息化改造，改善公司治理结构，改进公司内部管理与流程，使公司供应链管理、经销商财务管理都得到了改善。

2000 年，王文涛正式任职江铃财务总监。从这时起，他在公司董事会和总裁的领导下，同公司成员一起，经历了江铃发展史上发展最迅速的一段时期，连续三年净利润增长 50% 以上，并在 2003 年至 2005 年这三年中连续荣获上市公司一百强。在 2005 年，还成为了中国汽车行业少数净利润正增长的汽车企业之一、汽车类上市公司业绩排行第一位。

江铃财务部长评价王文涛说："他总是会把工作激情感染并传递给所有接触他的人"。在同江铃共同成长的数年时光里，王文涛早已对江铃产生了浓厚的感情，他认为，江铃就是他的福地，"江铃是一家在不断成长的企业"，"我们的目标是成为了不起的企业"，平和而又充满激情的王文涛这样说着，也这样做着。

他同企业共同成长，并扛起了企业发展的重任。

企业的兴旺是每一个员工的责任。无论是管理人员，还是普通的基层员工，只有把自己的工作看作神圣而不可推卸的使命，以充沛的热情和激情投身于工作中，才可以真正地做到肩负起企业兴旺的责任。工作离不开员工的激情，离不开员工的勤奋，离不开员工的专注，更离不开员工敢于直视挫折的勇气。只有端正工作态度，才可以收获更多，为企业做得更多。

张久云，是安徽省芜湖市经济开发区奇瑞汽车股份有限公司发动机生产车间的一名普通工人。他十年如一日地辛勤工作在生产一线，始终坚定如一地与奇瑞同呼吸共成长。

张久云出生于一个普通的农民家庭，身上充满了质朴与勤劳的优秀品质。2003 年，他应聘到奇瑞公司，在半年的跟班实习和各种培训考核中脱颖而出，成为了发动机车间的一名电工。张久云在工作中非常认真，跟着师傅认真地学习，并不断总结经验，很快就掌握了整个生产车间的操作流程。在 2004 年电工技能比试大赛中，他荣获了二等奖，还被评为公司优秀员工。

在一次生产操作中，他发现加工的凸轮轴 OP40 模床有细小的斜纹。是忽视不管还是不怕麻烦着手解决呢？张久云认为“细节决定成败”，于是就和车间负责设备的同事一起加班，连续工作了 36 个小时终于将发动机自制件上的斜纹问题处理完了。在中国汽车联合会相关杂志上，他还发表了一篇名为《浅析凸轮轴斜纹的消除方法》的学术论文，把自己对解决凸轮轴的斜纹问题的意见和方法写入了这篇论文中。

作为奇瑞的一员，张久云感到很欣喜很自豪，他非常爱自己的岗位，非常珍惜自己的工作。在刚入职时，看到发动机车间里很多设备都是进口的，操作界面和技术资料都是用英语书写的，他想，如果能够读懂英语，那么就可以更好地运用这些设备了。所以，一到休息时间，张久云就会埋头于恶补英语中，每天都会看书学习达 2～3 个小时。2008 年，他成功地拿到了安徽大学英语本科的自考文凭。

在工作之余，他还会积极地参加公司组织的各项技能培训和理论知识辅导，热忱地钻研业务知识。他想通过这些学习更多的专业知识，掌握更好的业务能力，为奇瑞奉献出自己的一份力量。

由于出色的工作能力和认真负责的工作态度，张久云在2009年被升职为发动机二厂五车间主任，身上的担子更重了。可是他并没有丝毫的惧怕和退缩，面对着更多的工作量和责任，他不仅要照顾到技术问题，还要尽心管理车间，维护团队建设，做好发动机二厂五车间的生产工作。为此，张久云每周都会召开员工技术交流会，帮助员工更好地掌握技术知识，提升工作能力。通过他的影响和带领，五车间班组使工装夹具得到改善，还使工艺得到了优化，这样，不合格产品的数量大大降低了，产能提高了将近10%。他所带的班组曾先后荣获全国QC大奖，全国TPM改善二等奖，全国质量信得过班组以及全国职工示范班组等多项荣誉。发动机二厂五车间已经成长为了一支非常精干的队伍。

奇瑞汽车股份有限公司开启了中国汽车工业发展的新篇章，奇瑞公司所取得的成就离不开张久云这样通过自身的努力与奇瑞共同成长的优秀员工。

张久云是一位使命感很强的优秀员工，他能够极大地发挥自身的责任感，承担起企业发展的重任。从他对工作的态度，就可以看出他拥有高度的责任感。一个员工的工作状况是由他的工作态度所决定的。如果一个员工把工作看成琐碎事件的集合体，把企业看成是制造这些繁琐的机器，那么，他就不会有敬业之心，也不会承担起企业发展的重任。如果一个员工能够把工作看成神圣的使命，把企业看成是培养自己，使自己获得成长的家，是一个值得感恩的地方，那么，就一定可以担起企业发展的重任，与企业同呼吸，共成长。

作企业的员工，也是不可缺少的成员，要想获得成功就要努力使企业取得成就。没有任何员工的成功可以脱离开企业而独立存在。企业是我们施展自身才华的舞台。在这个舞台上,我们要主动工作,要有不惜打破常规去工作的智慧和勇气。明白这个舞台能够带给我们什么,用一种自豪的眼光重新审视它。在这个舞台上,即使遇到危机和困难,即使有跌倒和碰磕,我们也会勇敢地站起来,用激情、智慧、责任演绎好自己的角色,通过努力让这个舞台更加光彩照人,也通过这个光彩照人的舞台展现我们的绚烂夺目。

2

对企业负责,就是对自己负责

对待企业,之所以有的员工可以主动地负起责任,就是因为负责任的员工知道对企业负责就是对自己负责。还有的员工说:“企业是老板的企业,企业好坏与我无关”,他们有非常重的功利心和私心,所以对待工作,就会目光短浅地认为工作的好坏是企业的事、是老板的事,而不是自己的事,只管顾好自己的工资和职位就好了,工作做得差不多就行了。这样的想法过于狭隘和短视,因此这样的员工很难在工作中展现自己的能力,创造优秀的成绩。事实上,员工对企业负责,才是对自己负责,只有企业兴旺了,员工也能够收获成功。

在职场负责的人都是成熟的人,他们能够对工作、对企业负责,不会寻找任何借口来掩饰逃脱责任的行为。只有负起责任才是真正地对自己好,为自己获得成长的荣誉和道路。就像是小孩子都不知道好好读书的重要性,他们就是不成熟的,把读书和上学看成是家长和老师的事,不肯为了别人而努力学习,长大之后再后悔也是没有任何意义的。所以,从这个角度来看，人生就是培养自己承担责任的过程。对学习、对工作、对家庭负责都是对自己负责。只有对需要做和必须做的事负责，才能获得快乐和幸福，让亲人高兴我们才会高兴，对企业负责我们才会得到发展的机会，让企业兴旺我们才会获得成长。

于廷在大学毕业后，很快就找到了工作，在北京的一家小公司谋得了一份财务工作。这份工作和他的专业对口，待遇也不错。因为会计工作是越老越吃香的，所以于廷想先在这家小公司干一段时间，多长一些经验，再考虑谋求更大的发展。在工作中，于廷一直都很卖力，有很多不懂的地方，都会虚心地向公司里的老会计请教，而老会计也都会细心地给他讲解，他非常感动，也十分珍惜这份让自己成长的工作。

三年之后，于廷家乡的一个大公司给于廷发来邀请，他不仅能够回家工作，离自己的亲人更近，薪水也要比现在的薪水高出很多。这真是一个千载难逢的好机会，他觉得自己应该抓住这个机会，就琢磨着如何同经理说辞职的事。

可是当时正值公司忙时，有很多标书需要做，还有很多有业务往来的公司的财务都要整理，如果在这个时候提出辞职，无异于让公司更加忙乱，使公司处于人手短缺的尴尬境地。这样一想，他便决定同公司一起度过这段日子，再提出辞职。

对于家乡的那家公司的邀请，于廷坦诚了自己的想法，说他需要对这边的工作负责，所以希望对方能够等一段时间。对方不假思索便答应了。

一转眼，一个月就过去了。公司不再那么忙碌，于廷走进了经理办公室，向经理说明了辞职的原因，并表示自己可以等到公司招来新人再离职。在等待新人的这段时间，他也会好好工作，对自己的工作负责。经理听了他的话，对他说："这的确是一个好机会，恭喜你，公司会尽快招一个新人来接管你的工作。"

于是，于廷就留在原来的岗位，每天正常地上下班，然而，一想到自己就要同这些可爱的同事分开了，心里就特别地留恋。

所以，对工作更加地认真负责，有时还会主动承担更多的工作任务。就这样，他在自己的岗位上等来了接替他的新人。

本想着新人一来，他就可以马上回家乡工作了，可是没想到这个新员工是刚刚毕业的学生，对于工作还有很多需要指导的地方。为此，经理特意找到于廷说："希望你可以带新员工一段时间再离职。"于廷虽然很着急，但还是答应了。他只好给家乡的那家公司打了电话，说明了自己现在的情况，希望对方能够再给他一个月的时间，到时他一定上任。那家公司听了，也很着急，就对他说："我们很体谅你这样对企业负责的态度，但是我们这边也是急需用人，我们会考虑的。你能来时再给我们打电话吧。"

于廷感到这次机会很有可能抓不住了，但是他必须承担起工作的责任。于是，他甘当老师，认真地教新人，让他尽快地融入工作岗位。又一个月过去了，这个新人也可以独立工作了。于廷赶忙给家乡的公司打了电话，对方说他可以来上班了。这样，于廷从原来的公司离职了，回到了家乡。

来到新公司，在第一天新公司的经理就把他叫到了办公室。原来，他能够获得这次工作机会还多亏了过去公司的经理。因为现在的公司曾给于廷过去的公司打过电话，询问和调查于廷的工作情况。于廷的经理对他大加赞扬，并说他是一个认真负责的出色员工，无论是工作水平还是敬业精神都是一流的。所以，新公司才决定等于廷这位出色的员工。

于廷能够成功地回到家乡工作，不是公司的功劳，而是他自己的功劳。因为他对企业负责，认真地对待工作，所以企业才会给他高度的评价，才愿意让他有更好地发展。如果他当时不顾一切地回到家乡，当现在的公司对他的工作表现进行调查时，因他个人给公司带来了损失，经理就极有可能给他差评，他也就很有可能失去这份工作的机会了。所以，对企业负责就是对自己负责。

蔡婷婷毕业后在一家食品公司做内勤，她从来都不认为自己应该对工作和企业负什么责任，只是觉得把分内的工作做得差不多就行了，没有必要浪费精力为企业工作。她常常想，这又不是我的公司，为什么要尽心尽力呢？这样的想法使得她在工作中懒散懈怠，还经常找种种借口掩饰自己的过失。时间长了，同事们都渐渐疏远了她。后来，她觉得这个公司非常糟糕，就主动离职了。

有一次，深圳的一家食品企业对外招聘工作人员，蔡婷婷看到了招聘信息，就充满信心地投递了自己的简历。果然，一周后她就接到了这家企业的面试电话。蔡婷婷很高兴，在面试那天，特意精心打扮了自己，本就落落大方的蔡婷婷显得更加得优雅、职业。

在面试过程中，面试官本来对蔡婷婷非常满意，然而当被问到为何从上一个单位离职时，蔡婷婷显得很怨愤。她无法控制地诉说着对过去单位的不满。她说过去的企业如何没有人性，老板如何欺诈员工，而同事又特别难以相处，总之，过去的单位被她说得一无是处，好像就是专门剥削工人的法西斯似的。说到怨愤处，蔡婷婷还会控制不住情绪地眼泪在眼圈里打转。本以为自己会得到面试官的同情，却不料，面试官对蔡婷婷说："对不起，我们不能录用你，因为你对企业没有责任心。"

蔡婷婷不能够做到对企业负责，尽职尽责地工作，在工作中偷懒耍滑，还把自己的失职归咎于老板和同事，一个不热爱企业的员工怎么能够获得重用，又怎么能够为企业的发展付出自己的心力？这样的员工在任何一家企业都不可能得到重用，甚至在面试的过程中就会被淘汰。

在工作中，我们可能会对自己的工作和企业有些不满意，但这些都不能成为敷衍工作的借口，因为工作是我们应尽的职责，而不是在替他人履行义务。一个人，只有敢于承担自己的工作职责，才不会"做一天和尚，撞一天钟"，才能认认真真、兢兢业业地工作，和同事一起组成促进企业快速发展坚不可摧的钢铁长城，才能战胜困难，实现自己的人生价值，收获自己的成功。同时，得到企业、老板和同事的喜爱，会成为我们前进的动力和帮手，给我们提供更好的工作机会，让我们收获更多。

3

做一名让企业兴旺的“金牌员工”

金牌员工是企业的中坚力量，他们往往能够将自身的激情和责任感染身边的人，使企业拥有非常好的工作氛围，能够找到工作的意义，实现自己的价值。做一名让企业兴旺的“金牌员工”，应该成为每一个员工的追求。

作为一名金牌员工，应当首先培养对工作认真负责的敬业态度，树立正确的价值观念。一个人如果不能意识到自己的价值需要靠企业的兴旺发达来实现，自己是企业众多员工中不可缺少的一员，那么，就很难端正工作态度，承担起工作上的责任，尽心尽力地投身于工作之中。在面对困难和挫折时也就不能以乐观的心态去战胜一切。俗语说：态度决定一切，要想做一名金牌员工，切不可让工作态度有所偏颇，对企业缺乏忠诚和热爱都是不应该的。

江学宏，是苏州柯利达装饰股份有限公司的一名施工员。在这个岗位上他已经工作了11年，由朝气蓬勃的年轻人成长为了技术精湛的“老师傅”。

2000年，江学宏26岁，他从家乡江西省九江市来到苏州柯利达装饰股份有限公司，成为这个公司工程部的一名施工员。他从工作那天起，就树立了严谨、认真的工作态度，通过不怕苦不怕累、坚持不懈地努力与实践，终于在短暂的工作年限里，让自己的施工技术获得了长足的进步。虽然他取得了一定的成绩，但他并没有骄傲自大，更没有停止学习施工技艺。他总是默默地工作，不容许自己有丝毫的马虎和大意。他认真负责地把内装工程部门和工班组安排的每一项工作任务完成，对每一项操作工作都力求做到最好。与此同时，他的施工工艺操作水平获得了更大地提升，他所掌握的理论知识也在实际操作中获得了进一步的巩固和升华。

江学宏始终相信要把工作做得漂亮，就要有认真的工作态度和精确严谨的施工方法。作为一名施工员，他不仅做到了深入了解专业技术，还尽可能地做到"一专多能"，接触更多的专业领域，使自己能够做到专业渗透、互相协调，把施工工作做得更实际化和理性化。

江学宏说，他从一开始的慢慢摸索，到现在的轻车熟路，都是靠不断积累和努力得来的。俗话说"熟能生巧"，但熟悉也容易使人马虎大意，漏掉一些细节，久而久之养成了习惯，势必会对施工质量造成一定的影响。所以，在工作中，他一直都严格要求自己，时刻保持一丝不苟、好上加好的工作态度。

2011年，江学宏荣获了"江苏省建筑装饰镶贴工职业技能竞赛"冠军、省五一劳动奖章、高级技工和省技术能手等多项荣誉。对于获得的荣誉，他说："我感到很惭愧，因为自己的付出还不够多，今后还要继续踏踏实实地好好干。"

江学宏在苏州柯利达装饰股份有限公司任劳任怨、勤勤恳恳地干了11年。这11年中，他在工作上付出了自己全部的热忱和精力。他在工作岗位上作出了优异的成绩，也为企业的蓬勃发展做出了重要贡献。企业为拥有他这样的"金牌工人"而感到骄傲和自豪。

江学宏是苏州柯利达装饰股份有限公司当之无愧的"金牌工人"，他不仅是为自己取得了荣誉，更是为企业的发展做出了贡献。而他之所以能够取得这样的成绩，就是因为他对工作认真的态度和精确严谨的方法。员工的成长离不开正确的工作态度，对工作负责，对企业负责，是成为金牌员工的基础。

想要成为企业的一名“金牌员工”，除了认真负责、尽心尽力的工作态度之外，还需要具有善于思考、勇于创新、善于解决问题的工作能力。通过创造性思维不但使自己的工作能力得到提升，把工作做得很出色，为企业带来收益，还使得企业拥有了更好的工作条件和工作方法，节省了人力物力，提高了工作效率，自然是当之无愧的金牌员工了。

周海印是泌阳县电业修试所一位普通的技术人员。他在工作时有个特点，就是善于观察，喜欢琢磨、钻研，经常对工作方法和工作设备进行改进。更难得的是，他还会给提供专业设备的厂家提出技术性的修改意见，其中《雷雨季节的防雷措施》获市电力公司银点子奖。

电镀生产线经常发生设备故障，一旦发生故障——哪怕是一丁点儿的小故障——都需要等待维修人员来处理，而维修人员来了之后还可能要等配件到齐，这样一来，往往就要耽误生产两三个小时。周海印看在眼里，就留心观察维修的过程，认真地研究，逐渐地掌握了一些处理故障的方法。这样，当设备出现小毛病，他就自己琢磨着修理，最后果真能够独自处理完成。但是，这却是在做自己分外的事，难免要费心费力，有时还要自己掏腰包去买修理设备所需要的配件。尽管如此，他并没有任何埋怨，他始终认为单位的事就是自己的事。

为了能够防患于未然且能够及时进行处理，除了每年5月份及迎峰度夏期间红外线普测及重点监测以外，周海印还会利用先进技术，在每次大型停电工作的前两天进行红外线测试工作。

面对输电线路遭雷击而产生故障的问题，周海印带领技术人员采取了各种防雷措施，以便减少输电线路的雷击故障。因为全县变压器共有两千多台，每台的维修费用平均为四千元，就按每年因雷击烧毁二十台变压器来计算，仅在避雷器的安装方面所采取的独特方法就使全局的维修开支节省了八万元左右。

输电线路杆塔容易遭遇雷击，周海印在两侧相邻杆塔上同时安装避雷器，如果是垂直排列的线路，可以只装上下2相。在安装时尽可能地不使避雷器受力，还要注意安全距离的保持。要顺着杆塔单独敷设避雷器的接地线，截面积要大等于25平方毫米，接地电阻的影响要尽力减少。

此外，周海印还成功地解决了一个全省的技术难题，即110千伏开关在运行中压缩空气里会出现水分的问题。他通过在空气压缩开关里增加一个油水分离器成功地解决了这个问题。

周海印善于思考，爱钻研，解决了很多工作上的技术难题，凭借出色的工作能力被驻马店市电力公司授予了“金牌工人”的称号。

正如案例中主人公一样，要做一名金牌员工，首先就要承担起工作责任，确立正确的工作态度和思想，不仅要尽职尽责地做好分内事，还要勇于担当本不属于自己的那份工作，从而学到更多知识，掌握更多的技能。其次，还要善于在工作中开动脑筋，勤于思考，为把工作做得更好而出谋划策。一个员工，只有尽到自己的职责，把工作做得卓越，不但能够把自己的工作做好，还能通过自身的影响方便其他人工作，才有可能成为企业的金牌员工，为企业的兴旺做出自己的贡献。

然而想要成为一名金牌员工并不是只做到以上的两个方面就可以了。成为一名金牌员工，还需要拥有业绩思维、高效的执行力等。一言以蔽之，扛起企业的兴旺之责，在企业发展壮大的同时使自己的人生价值得以实现，就是把自己打造成金牌员工的最佳途径。

金牌员工是企业中的佼佼者，是老板的左膀右臂，是企业发展中不可或缺的关键人物。他们不仅能够在平时的工作中为企业谋得更好的发展，还能够临危受命，在企业遭遇重大危机时发挥出重要的作用。他们通常不是担任企业要职，却能够在普通的工作岗位上为企业创造最大的利润，是难得的人才，更是企业应该高度重视的优秀员工。

我们应该多向这些优秀的榜样学习，学习他们的敬业和忠诚、激情和奉献等优秀品质，不断提升自己的工作能力，把自己打造成一名金牌员工，无论走到哪里，处在哪个工作岗位，都可以实现自己的人生价值。

4

对工作负责的员工是企业兴旺的中流砥柱

当我们接受了一份工作，就意味着我们需要对工作尽到责任。无论我们的工作是什么，都需要承担责任，职位越高，肩上的责任也就越重。对工作尽职尽责、兢兢业业是企业对每一位员工的基本要求。如果连负责都做不到的话，这个员工也就失去了留在这个岗位上的意义。企业需要认真负责的员工，需要坚守在自己的岗位上出色完成工作任务，并且能够对工作结果负责的员工。

当一个人对某份工作产生憧憬和向往时，往往是因为它所呈现的整体效果。可是工作是需要分工完成的，当我们成为制作者之一，就会被圈在自己的那份工作里，就要不断地做一些重复的工作，这时，千万不要忘记去思考工作能给我们带来的价值。

有一种黄色的丝线，他在一幅挂毯上占据着非常小的一个位置，还特别靠近挂毯的边缘。于是他心中一直充满怨愤，总是觉得自己这么漂亮，却被安排在这样一个不起眼的位置。所以，他好想从这幅他认为丑陋不堪的挂毯中挣脱出来，重新寻找一幅美丽的挂毯，在那副挂毯中去担当重要的角色，要站在最中心、最醒目的位置上。

终于，通过努力抗争，他摆脱掉了那幅“丑陋”的挂毯，获得了自由身。他克服千辛万苦，终于凭自己的努力跳上了远处的一张桌子，四下张望，想要找到一幅漂亮的居所。最后，他找到了。在他的正前方，有一幅《三王来朝》图非常得迷人，可是，圣婴的头上却没有漂亮的金色光环。他感叹一声，自言自语到：这么漂亮的一幅图，正需要我呢。

正当他急着跳下桌子去那幅《三王来朝》图面前时，他突然感到非常地熟悉，所以就停下来仔细地端详它。“那个暗淡的光环四周都是我熟悉的面孔呢。对！那是我最讨厌的棕色丝线，他占据着最大的空间；那是我最要好的兄弟，他和我一样，被放在偏角上，不受重视，不受欣赏。”黄线边看边想，“啊！它竟然就是我曾经所在的那幅图，没想到它竟然这么美！而我竟然就是圣婴头上夺目的光环！”

在工作中，也许，我们就是那个短视的黄色丝线，不知道自己的位置竟然那么重要。一份完整的工作缺少了任何一部分，就不再完整，而且可能还会变得一文不值。一个人，需要找到自己的位置，当做出一份工作的选择时，就应该承担起相应的责任。我们可能不知道，我们所做的那一份看起来不起眼的工作，恰恰是一份必不可少的工作，或者就是非常关键的一个环节。

企业需要尽职尽责工作的员工，只有每一个员工都把自己的工作做好，才能够为企业创造出一幅完整而美丽的画卷。每一份工作都值得用心去做，我们没有任何理由藐视它、贬低它，不认真负责地对待它。每一份工作都需要一份责任的担当者，而我们就是时刻准备着去承担责任的人。以饱满的热情去对待工作，以难得的担当付起工作的职责，是企业中每一个员工都必须做到的。

菅明慧，是包头市劳教所的一名女民警。她凭着强烈的事业心和责任感已经在这个平凡的岗位上干了20年。她对工作认真负责、默默奉献，先后多次荣获自治区人事档案一级管理优秀管理员、包头市儿童工作先进工作者、优秀公务员的荣誉称号，还荣立包头市个人三等功。

“做好政工工作首先要有一片热情。”她这样说也这样做着。面对琐碎且繁杂的人事档案、妇女儿童、计生和内勤等政工业务工作，远离市区的劳教所交通不便的现状，她都没有感到一丝的厌倦。虽然有苦有累，但她都以对工作的热情，执著地做好每一份工作。她的身上有着雷厉风行的工作作风，却也不乏团结同志，乐于助人的优秀品质。年轻的工作人员有什么问题都愿意和她交流，听听她的建议，她也会非常热心地帮助同志们解决工作中的困难和疑问。

管明慧非常爱岗敬业，对自己的要求也非常严格，她始终说："干一行，就要全身心投入地爱一行，钻一行，精一行"。不论处在什么工作岗位上，她都会全力以赴地把工作做得卓越。起初，她在行政科工作，后来被调入了政治处，开始从事政治处的档案、妇女儿童、计生、内勤等工作，她特别珍惜组织的信任，从而更加卖力地工作。她相信，只要认真负责地工作，就没有什么工作做不好。她努力调整角色，虚心地向老前辈请教工作上遇到的问题，还在繁忙的工作中挤出时间来学习业务知识，认真地钻研，从而对政治处的工作有了自己的工作思路和方法。她为了把工作做好，还想出了许多好点子。她把相关的政策写在小卡片上，或者抄写、贴在笔记本上，使得需要时能够及时地找出来。她还把办公室的资料整理得井然有序，方便查找和使用。虽然工作繁琐，她却能够找出很多好的方法使它生动起来。

此外，因为政治处只有三名同志，所以，她身上的工作任务非常繁重。她经常需要加班加点才能把工作做完，工作时间做不完的还要拿回到家里去做。有时，她还会连续工作一天一夜，非常的辛苦，但她却乐在其中，认为这都是自己的职责所在。

"干每一项工作不仅要有一颗爱岗之心、一片炙热之情，更要出一份务实之力，把事干好、干出成效来。"她深知人事档案对一个人的重要性，所以，在工作中她不敢有丝毫的怠慢。她非常严肃认真地对待这份工作，严格遵守档案管理的各项规章制度，对待每一份入档材料都非常的细致和负责。她要求自己要做到对工作负责、对他人负责、对历史负责，一步一个脚印地开展工作。她经常在"三八"妇女节、"六一"儿童节等节日中开展多种形式的思想教育活动，做好社会主义荣辱观教育，还把社会公德、职业道德、家庭美德和个人品德注入人心，还多次在所内举办《妇女权益保障法》、《婚姻法》、《计划生育管理条例》等法令常识的进修、培训、讲座、常识竞赛。

菅明慧二十年如一日地坚守在工作岗位上，对自己的工作认真负责。她在工作中从不讲个人得失，只是默默地奉献着。有很多人认为，她这份工作非常轻松，风刮不着雨淋不着，的确，她的工作不需要大把的力气和风里来雨里去的奔波，然而，要做出成绩仍然需要高度的责任心和敬业心，仍需要不求回报，不计个人利益的奉献。

菅明慧是一位对工作认真负责的员工，她的责任心值得每一位在职员工学习。

对工作负责的员工是企业兴旺的中流砥柱，失去了他们，企业就会无法在竞争激烈的商场上立足，更不能够取得进步。一名对工作尽责的员工，往往更值得信赖，也更易受到重用，他们不只是在工作之中表现出认真负责的态度和全力以赴的决心，还能够照顾大局，从企业全局的角度去为上下环节着想。同时，他们知道责任重大，所以就不会有一丝一毫地不负责任的行为，在工作之中绝不会出现任何推诿、敷衍的行为，对待工作一丝不苟、完美无缺、零缺陷都是他们所努力追求的。

此外，对工作负责的员工还能够对自己的行为和结果同时承担责任。面对自己所犯下的错误，能够勇于承认并尽力弥补过失，这样不仅体现了一个人勇于担当的品质，更能够从失败中吸取教训，积累成功的经验，使自己在以后的工作中表现更佳。勇于承担工作结果的员工更容易获得同事和领导的喜爱，也能够得到更多成长的机会。总之，由敬业负责的员工所组成的团队一定是坚不可摧的、锐意进取的，一定是一个高效率、能够战胜任何困难的优秀团队。

5

责任心决定企业发展，更决定人生舞台

对工作具有责任心是每一个员工都应该具备的优秀品质。没有责任心的员工是不值得信任的，也不会获得真挚的友谊，更不会在事业上有所成就。没有责任心的员工，对任何事都是无所谓的态度，遇到困难就会表现得胆小怯弱。企业的发展需要有责任心的员工，因为有责任心的员工不会以任何借口来敷衍工作，不会说这份工作不是自己喜欢的就不认真对待。有责任心的员工在任何工作岗位上都能够尽职尽责，用自己的力量取得成绩。有责任心的人在生活中更是一个值得信赖的人，一个正直的公民，一个有着广泛的发展空间的人，更能够获得美好的人生。

松下幸之助说过："责任心是一个人成功的关键。对自己的行为负责并勇于承担这些行为的后果，这种素质不仅是企业最基本的需要，即使到社会上，这样的人也大受欢迎。"的确，一个有责任心的员工不会推脱任何需要承担的责任，甚至会主动去承担一些并非分内之事的责任。责任感是很多优秀品质和行为的来源，所以有责任感的人更容易获得别人的钦佩和爱戴。在工作中，有责任心的员工对企业的发展大有裨益；在生活中，有责任心的人才会拥有灿烂的人生舞台。

韩玲玲已经在灌云县环卫处平凡的环卫岗位上工作了12年。作为一名环卫工人，"道路干净就是我的心愿"，韩玲玲以高度的责任心坚守在工作岗位上，不怕苦，不怕脏，不怕累，和同事们一起承担起马路清洁的重任。她所负责的路段在12年间一直都是灌云县的样板路，而她本人每年都会获得"先进工作者"的殊荣。她还在2008年被江苏省评为"三八红旗手"。

2006年的一个夜晚，灌云县胜利中路出现了严重抛撒情况，这样不仅影响了市容，更给交通带来了不便。因为需要紧急处理，所以单位给韩玲玲打来了电话。而这时韩玲玲正在医院陪孩子打点滴，放下电话后，她狠下心，把还发着高烧的孩子交给了婆婆照看。随后带上工具，赶到事发地点，与同事们连续奋战四个多小时，终于将路面清扫干净。完成工作任务，已经是上午八点多钟，虽然惦记着家里的孩子，但是她却说不能耽误工作，继续坚守在工作岗位上，而让同事们回家休息。

环卫工作和其他正常作息的工作不同，它并没有节假日和双休日，而且往往越是在节假日时，工作量越大。在别人休息的时候，环卫工人还要继续坚守在工作岗位上，无论风霜雨雪，还是骄阳似火。每当春节来临，韩玲玲都会第一个报名加入环卫处组建的垃圾清运突击队。在别人和家人团聚的大年三十晚上，她却和同事们一起忙碌在工作前线，把垃圾全部运出县城，一般都要干到第二天凌晨四点多钟才能回家。有一年春节，环卫处组织双桥以北河面卫生的整治工作，她又抢着报名。面对环卫处领导说的“这个事情女同志不能干”，她反问道：“男同志能干我为什么不能干。”就这样，领导也只好由着她和男同事们一起，站在脏兮兮的河里，用手在冰冷的水中打捞垃圾。

由于环卫工作非常辛苦，她看上去要比实际年龄大十多岁。都说容貌是女人最看重的东西，可是责任心很强的韩玲玲面对家人的疼惜和劝说，却微笑着说：“人人都不愿意扫马路，那环境卫生怎么办？”朴实的话语让人们不得不去佩服这样一位有责任心的优秀员工、先进工作者。

此外，环卫处里的成员大多都是六十岁左右的老人，韩玲玲很心疼这些老环卫工人。他们比不得年轻人，却干着许多年轻人都做不了的重活。她就倾尽全力帮助这些老工人。有一年，一位环卫工人不幸死于车祸，她第一个捐款，并发动所有的环卫工人捐款数千元。还有一年夏天，一位老环卫工病了，她就挤出时间为老人带了两天班，把自己负责的路段清洁好之后，义务把老人负责的路段工作也做完了。

她视企业如家，把工作上的事当成是自己的事。在12年的工作中，她始终严格遵守单位的规章制度和各种材料领发规定，一切按规定执行，从不贪便宜，为自己谋利益。由于她的严格把关，环卫处每年仅车辆加油这一项就能省下几万元。

单位的同事评价韩玲玲说："小韩真是好样的，她既是管理员，又是战斗员，更是大家的贴心人。"灌云县城新区建成后，韩玲玲主动要求到县行政中心周围进行保洁工作，那里的道路保洁标准更高、任务更重，但是她认为只要把环境卫生搞上去了，自己吃再多的苦都没有关系。由于她的勤劳能干，认真负责，被任命为了新清扫区域的保洁队副队长。

企业的发展需要韩玲玲这样有责任心的员工，社会的和谐发展同样需要韩玲玲这样有责任心的公民。一个人，只有拥有了责任心，才会获得开阔的思想和广阔的胸怀，才能既把工作做好，又让自己更乐观、更积极向上地生活。

在江苏，有一个已经在儿童护理岗位上工作了近三十年的人。1983年她从扬州卫生学校毕业后被分配到了江苏省仪征市人民医院儿科输液室，2006年又调到了急诊输液室。她凭借慈母般的爱心赢得了生病儿童的喜爱；凭借精湛的技术赢得了儿童病患家属的信任；凭借自己的责任心为医院的儿童护理工作做出了贡献，更使自己的人生舞台更加宽广。她就是已年满50岁的谭玉兰。

对待儿科小病患要有金子般的慈母情怀，这是谭玉兰常说的一句话。儿童护理工作既琐碎、复杂，但又非常重要。谭玉兰一直用这句话来告诫自己对待工作要有爱心、有耐心。2000年11月的一天，她在儿科楼梯口发现了一个尚在襁褓中的婴儿。这个婴儿患有唇裂，被放在楼梯口，无疑是弃婴了。但不管怎么样，他都是一个小生命啊。于是，她不顾刚上完夜班的疲惫，赶忙把婴儿抱到医生办公室，为婴儿做了全面的检查。经过医生的详细检查确认这个婴儿除了唇裂之外并无其他病症。谭玉兰听了很高兴，立即买来奶粉，冲好后小心翼翼地喂给婴儿。深夜，小家伙睡着了，谭玉兰就仔细地观察着婴儿的身体状况，还要喂水、喂奶、拍背，这样忙了一整夜没有合眼，虽然疲惫不堪，但她心里却很欣慰。第二天，婴儿的家长来寻找孩子，谭玉兰有些不舍地把婴儿交给了家长，还千叮咛万嘱咐地交代护理婴儿的注意事项，并安慰家长说现在的医术很发达，孩子是可以治愈的，千万别再放弃孩子了。

大部分人都认为，当护士没有什么技术性，更不需要责任心。如果这样认为，就大错特错了。单拿输液来说，急诊室里很多患病的孩子还没有扎针就先哭了起来，还有高热惊厥的，这就给输液工作带来了困难。这时，要求护士既要有责任心，更要有娴熟的扎针技术、丰富的理论知识和稳定的心态。所以，谭玉兰用心研究输液技术，仔细探索每个患儿血管的特点，即使是难度系数最高的小儿头皮针静脉穿刺术，她也苦练基本功，力求做到一针见血。她还积极主动地参加院内外举办的业务知识和继续教育学习，把自己锻炼成为一名主管护师和骨干护士，还承担起带教工作。

每次给患儿输液时，她都会想方设法地给患儿带来安全温馨的环境氛围，所以，孩子们都很喜欢她，每次要输液了都会找这位“谭奶奶”。一听到那些可爱的孩子们叫她“奶奶”，谭玉兰所有的委屈都会烟消云散。

谭玉兰说：“孩子是祖国的希望和未来，选择了这个职业就应该无私的奉献，为儿童健康发展尽自己的责任。”

谭玉兰在护理岗位上坚守了近30年，可以说，护理不仅仅是她的工作，更是她的生活。她能够以高度的责任心对待工作，更能够以高度的责任心来对待生活中的事，所以，她为儿童护理工作的发展做出了贡献，更收获了卓越的人生。

同样，对于刚入职的年轻人来说，更需要培养自己的责任心，因为责任心能帮你养成良好的工作习惯,还能为你赢得很好的工作机会。任何一个企业都需要有责任心的员工,没有责任心的员工不能够为企业的发展出力,早晚都会被企业淘汰。当我们尝试着以一颗责任心来对待工作和生活,会发现工作越来越简单,生活也越来越简单。因为态度改变了,所以我们不会纠结于任何困难,而是能够通过自己的努力战胜困难,摆脱困境,获得成功。企业会给一个有责任心的员工机会,人生也一样会为一个有责任心的人提供发展的舞台。

6 责任落实到位:企业会兴旺,人生更成功

对待工作有责任心是每一个员工都应该具有的品质。责任需要落实,如果责任没有得到落实就失去了它的意义。可以说,任何一项工作任务的完成、任何一家企业的兴旺都是责任落实到位的结果。因为责任到位,才能执行到位,才能使决策和规定得到最好的执行,才能为企业带来预想的收益。

将责任落实到位,还会让一个员工拥有更成功的人生,因为能够承担责任的员工是成熟的,值得信赖的,是值得托付重任的。这样的员工总能获得更大的成功和更多的发展的机会,还能最大化地激发出自身潜能。将责任落实到位,执行才会到位,才能使自己成为优秀的执行者,把工作做得更好,获得更加广阔的发展前景。

在南京有一面非常特别的城墙,它始建于明朝。之所以说它特别,是因为它的每一块墙砖上都刻有一个人名。那么为什么要在筑成城墙的砖上写人名呢?

原来，在当初建造城墙时，朝廷为了避免负责人偷工减料，违规建造，特别想出了这个主意。朝廷下令将筑墙的每一块砖都落实到人头，各地府、州、县地方官员，县以下各基层组织负责人，以及制砖坯的、烧砖窑匠都要在自己负责的砖上留下姓名。这样在验收时就可以找出不合格的墙砖的负责人，也就能够对其进行严厉的处罚了。

将每一块砖落实到人头这种责任制，确保了责任落实到位，也就使得明城墙的每一块砖的质量都得到了保证，自然就保证了整个城墙的质量。这就是将责任落实到位后产生的结果，这种方法使得每一个人意识到并高度重视自身的责任，所以才能够使城墙的整体建筑有很高的质量。

其实，不只是工程建筑，任何工作都需要把责任落实到位。因为只有把工作中的每一件小事都落实到位，每个人都把自己的工作任务做到位，才能使企业整体有更好的执行力，企业获得兴旺，同时使自己的事业发展得更好。

在淮安市清河区环卫处，有一名普普通通的环卫工人在平凡的岗位上坚守了 20 多年。她被誉为新时期模范共产党员，并多次获得市先进工作者的称号，多次受到省、部和国家级表彰，她就是淮安市清河区环卫处员工孙国庆。

孙国庆毕业后被分配到了清河环卫处负责采购工作。这份工作是让人羡慕的“好工种”。可是孙国庆干了一段时间后，却认为这样一份清闲的工作不适合二十来岁的年轻人。这时恰逢清扫队大桥班任务繁重，她就不顾家人的强烈反对毅然决定去当一名清洁工。她认为，环卫工作是一人苦换来万人洁的工作，很有意义，就这样，孙国庆走上了辛苦而繁累的清洁工岗位。

她为自己的工作能够保证城市的清洁而感到骄傲和自豪，工作中她认真负责。有一次，一家饭店门前摊着一大堆鸡肠子，又脏又臭，苍蝇乱飞。孙国庆见此情景，就赶忙去收拾，饭店的老板看到了感到很过意不去，就同她一起清理。还有一次，孙国庆见到一家店把煤灰倒在路边，就上前劝说店主在垃圾车经过时再倒，而店主却说，“你一个扫马路的也想来教训我！”孙国庆严肃地说，“路面保洁是我的责任，我当然要管。”可是店主却甩手抽了她一巴掌。这件事让孙国庆感到很委屈，她希望每一个人都能够重视清洁工人的工作，明白清洁工人工作的价值和意义。孙国庆常说，自己真不介意环卫工作被人瞧不起，只要城市干净了，自己看着都高兴。

由于工作尽职尽责，勤劳肯干，不怕吃苦受累，孙国庆被任命为清扫一队、二队队长。队长的主要任务是监督和管理环卫工作，而她却坚持既要做好对别人的监督和管理，更要把自己的分区打扫好。这样，在别人都下班时，她还会拿着清扫工具，逐一地检查卫生死角，看到没有打扫干净的地方，她就会认真地清理。

有一次，环卫工人连续二十多天清理古黄河风光带长期积存的垃圾。在清理一污水出水口时，孙国庆带头跳到污水中，将堵在污水口的脏东西掏出来，抛到两米多高的坡上，外口清理完，又带头钻进了污水道中，用手去清理污水道中的垃圾。这样，和她一起的八名环卫工人在污水道里清理了五个多小时，终于把污水道清理干净了，而他们的身上却因蚊虫叮咬和污水浸泡而起了很多奇痒的小疙瘩。

近几年，因为城市的清洁卫生越来越受到重视，所以孙国庆感到身上的责任也越来越重。她时刻都提醒着自己要把责任落实到位，她按照定岗、定员、定质量的方式把辖区内的59条主次干道，200多万平米的清扫面积分配到个人，让每一个工人都能够认真履行身上的责任，还推行“三结合”，即天天检查和突击检查相结合，普查与抽查相结合，处查、所查与班组查相结合。此外，无论是员工工作上的困惑还是生活中的难处，她都会尽全力去关怀和帮助。

队里有两个年轻的姑娘常常不能把作业区按照规定打扫完成，孙国庆就去了解其中的原因。原来是这两个姑娘感觉推车拿扫帚难看，很没面子，一旦碰到熟人就更恐慌。于是，孙国庆就找到这两个姑娘，同她们聊自己的经历，把她们思想上的疙瘩解开。从此，这两位姑娘干起活来特别卖力。孙国庆看到，也觉得很欣慰。

有一位清扫工经常迟到早退，还会出现无故旷工的情况。孙国庆就利用和他一起清扫包干区时，向他询问是否在工作和生活中有什么困难。这位清扫工感到惭愧，吞吞吐吐地说出自己家中的经济状况出现了问题，所以他就多做了一份工作，以缓解家中的经济困难。孙国庆听完，就主动去征得领导的同意，然后将这位清扫工的作业班次进行了调整，以方便她去做另外一份工作。此外，孙国庆还会去帮助她清扫她所负责的区域，以帮助她度过难关。孙国庆的做法让这位清扫工很是感动，她经常说："孙大姐就像是自己的亲姐姐，不好好干，觉得心里挺过意不去的。"

孙国庆从很吃香的采购工作换到了普通且繁重的环卫工作，她用实际行动书写着对环卫工作的热爱，带动着其他环卫工人更加尽职尽责地开展工作。她是一位能够将责任落实到位的优秀员工，不仅仅用自己的默默劳动在工作中取得了优异的成绩，更为城市的环境清洁作出了卓越贡献。

无论什么人都应该承担起工作的责任。只有尽职尽责，任劳任怨，把自己的工作当作事业的员工才能把工作责任落实到位，圆满完成工作任务，不留下任何工作死角，让团队不因我们的问题而返工和重复工作，使整体的工作效率得到提升。这样，不仅是对企业的兴旺发达有利，对我们个人也是非常好的提升。当我们把责任落实到位养成一种习惯，无论在什么工作岗位上，或是对待生活中的事，都能够承担起责任，让别人看到我们的一副君子担当，使我们的事业得到发展，人生也更成功。

第三章

全力以赴：与企业风雨同舟，我们就是企业的舵手

一家企业就好像是一艘航行中的大船，加入它，你就顺理成章地成为这艘船上的一名船员。要想成功驶向海港，每一个船员都要毫无保留地为这艘船付出自己的力量。企业要想具有乘风破浪的能力，需要的不仅仅是企业本身的硬件条件，更重要的是企业中的每一个员工都具有与企业风雨同舟的决心。如果每一个员工都能将企业的事情当作自己的事情去做，端正态度，为企业的兴旺发展竭尽全力，那么，任何人都可以成为企业的舵手。

1

企业兴旺，我们必须全力以赴

一个人无论在什么样的工作岗位上，都应该抱着全心全意、尽职尽责的态度，全力以赴地完成工作任务。这不仅是工作的基本原则，更是人生的基本原则。

“不管做什么事情，都要全力以赴。成功的秘诀别无他法，不过是凡事都自我要求到达极致的表现而已。”罗素·康威尔如是说。可是现在的年轻人，大部分都希望通过捷径达到自己的目标，不能脚踏实地地工作，将职业的成长建立在全力以赴完成日常工作的基础上。不要忘记，即使在日常平凡的工作中，甚至在看似卑微的工作岗位上，往往都蕴藏着转折的机会。只有我们真正努力去做了，才能使自己得到不断地提升。只有我们全力以赴地做好了当下的工作，才会争取到发挥本领的机会，从而实现心中的理想。

在一个居民区有一位口碑很好的理发师，他的名字叫李山。他是一位外表毫不起眼的老人，就像伫立在街角毫不起眼的理发店一样。可是他的理发店却是所在小区生意最好的，深受居民欢迎。

常到理发店光顾的客人都和他很熟悉，也很了解这位理发师，他对自己的工作要求近乎苛刻。有一次，一位老板慕名来到李山的理发店，想要亲自验证一下这位师傅的手艺。按照日常的流程，李山告诉老板他的规矩是剪一次头发，女士要一个小时左右，男士至少也要四十分钟，要客人做好心理准备。这位老板没有异议，于是李山帮他洗过头发之后，就开始拿着剪刀行动起来。李山的剪刀和木梳在客人的头上轻盈地飞舞着，很快半个小时过去，眼看着这位老板的头发就要打理完毕。就在这时，老板突然接到一个电话，说是原本约好的客户提前到达，需要他马上回公司洽谈合同。老板一着急，打算放下围襟马上走人，可是李山说，“我的工作就是要对客人负责，你这个样子出门怎么可以？”由于李山地一再劝阻，客人很是生气，但也耐不住李山的执拗性格，最后只好答应留下来将头发剪完。

很久之后，这位老板又来到了李山的理发店，李山还是按照规矩，提前告诉客人可能花费的时间。这位老板对李山说，“就是因为你这个规矩，上次害我丢了一大单的生意——不过我在其他地方都没遇见比你更负责的理发师，我以后就认准你这家店了。”

如今，李山依旧保持他低调但是执拗的工作态度，只要是进门的客人，他一定全力以赴剪出来一个最适合客人的发型，做到百分之百令光顾的客人满意。他多年对理发质量和工作方式的坚持使他在整个小区获得了很高的声誉。如今他的生意已经做得红火，想要找他理发的客人甚至需要提前两天去店里预约。

工作态度就会决定我们的工作质量，进而决定我们的生活质量。职场上有很多这样的人，他们不愿意在工作中全力付出，却每日盼望着获得很高的工作回报，获得更高的社会声誉。他们每日的生活就是在人海茫茫中盲目追逐，做事情只要尽力就好，能省力就省力，绝对不会为了工作之外的事情多操一份心。这样的工作态度怎么可能在工作中有所收获呢？

在工作中，我们要严格地要求自己，能做到100％的时候，绝对不按照99％来完成。不论我们的薪水高低，都应该带着满腔的热情和旺盛的精力去工作，这样才能给企业带来兴旺发展，而我们自己，也会在这工作中获得相应的提升。

费春梅是纺织厂的一名女工，在国企改革的时候，她是第一批下岗的工人。面对下岗后的生活，她先后做过很多工作，像锅炉工、服务员等等，而现在，她已经是一家宾馆的总经理。在解决了自己的就业问题之后，她还招聘和她同样下岗的工人作为宾馆的员工，帮助更多的人实现了下岗后的再就业。

费春梅在刚刚接手经营宾馆的时候，宾馆的配备设施非常落后，不仅没有完整的水杯，连一双像样的拖鞋都找不到。为了保证宾馆的物品完整，她制作了一个小册子，将宾馆内部的物品都一一登记在册，不仅使宾馆管理起来更有条理，而且帮助宾馆节省了一大笔的采购费用。宾馆刚刚起步，客人根本不知道这家宾馆的存在，更不说入住率的问题了。费春梅为了帮助宾馆提高入住率，带领着员工到周围的长途汽车站主动寻找需要住宿的客人。在宾馆刚刚开始运营的一年时间里，费春梅几乎每天都在汽车站寻找客源，从来都是等到宾馆的房间全部住满她才下班回家。经过她不懈地努力，终于将宾馆的名声打响，如今宾馆的经营也走上了运营正规，在给她带来事业成就的同时，也为更多的人提供了工作岗位。

费春梅在取得今天的成绩之后，也反思了之前那份工作。当年，她还在纺织厂做工人的时候，她每天脑子里只想着织好布，不要耽误工作进度就好，至于纺织厂的其他流程，比如原料采购、销售渠道等很多方面她从来都没有考虑过，因为她觉得那是厂长应该负责的事，和她没有关系。可是，自从她开始自己经营宾馆之后，才意识到一个企业的兴旺和员工的努力有着多么重要的关系。如果每个人都把企业当成自己的家，把企业的事当做家里的事情来做的话，企业一定会越搞越好，创造出更好的成绩来。

作为一名好员工，就应该像费春梅一样，以企业为家，抛弃被动工作的观念，主动为了企业的兴旺发展而努力，真正做到像宣传语写的那样——把企业当做家业。员工在工作中，应该像企业的主人那样全力以赴地工作，而不是仅仅作为一名员工尽力而为就好。这样员工不仅不会随便将企业的价值轻视，而且会为了企业的长远发展而做出更多的努力。

有一天，兔妈妈把兔宝宝留在家里，出门觅食去了。她到处寻找新鲜蔬果，走了很远的路。在路上，兔妈妈不小心碰到了一个猎人带着猎狗出来打猎。兔子看到猎人身上的猎枪，心想，“这下惨了，他的子弹会要了我的命的。”就在兔妈妈准备撒腿就跑的时候，猎人的子弹已经射中了她的后腿。猎人派猎狗过来查看猎物的情况，兔妈妈虽然受了很重的伤，但还是拔起腿拼命地跑了起来。猎狗在猎人的指示下开始追赶兔妈妈。兔妈妈在灌木丛中扑来扑去，费尽周折逃脱了猎狗的追逐，平安地回到洞内。

猎狗没有追到猎物，回到猎人身边被猎人狠狠地训斥了一番，“你真是只笨狗，连一只受了伤的兔子都追不到。”

猎狗不服气道，“我已经尽力了，是那兔子太狡猾了。”

兔宝宝看见受伤的兔妈妈很是担心，连忙问道，“妈妈，那只猎狗很厉害的，你是怎么跑过它的呢？”

“那只猎狗虽然厉害，但它只是按照主人的指示追我的，或许它根本就不想那么做，再说我左扑右扑地已经让它很恼怒了，它自然尽力就好，也不会全力以赴的。但是妈妈不一样，我是为了逃命，当然会想尽一切办法摆脱它了。”

这个故事看似很简单，但却蕴含着丰富的人生道理。其实，每个人都是充满潜能的，就像猎狗的奔跑能力一点儿都不逊于兔子。但是，兔子在猎狗的眼里只是主人的目标，并不是自己的目标，所有它不会全力以赴地抓住兔子。但是兔子出于求生的本能，所以它会用尽全身的力量，最终摆脱了猎狗的追逐，安全地回到家中。这个道理放在工作中也是一样。往往很多员工觉得工作是为了企业而做，总是给自己找借口说：“反正我已经尽力了。”而事实上，那一点点的付出对于完成理想根本不够。

在工作面前，偷懒是可耻的，懒惰是可悲的，任何时候，都应该将企业的未来和自身的发展结合起来，积极努力地投入到工作中。即使我们目前还受雇在别人的企业，但要记住，通过我们的努力，全力以赴地工作，企业可以更加兴旺发展，而我们在工作中既培养了能力，又学到了经验，同时还为自己未来的事业打下了基础。

2 把企业的事都当作自己的事去做

在企业中，那些整天只想着偷懒工作，投机取巧，只想着获得劳动报酬，却在工作上一直毫无成效的员工是最可怜的一类人。我们每个人都需要工作，在工作中为企业处理大大小小的事务。企业的事是一个既成的事实状态，不同的工作态度就会收获不同的效果。仅仅把工作当作谋生手段的人，对企业的事常常会听而不闻，视而不见，看待工作不过是出于无奈、迫不得已而做的苦工，但是对于把企业的事当作自己的事的员工，能够力求完美地完成，执著地追求自己的目标。

台湾首富王永庆曾经说过："一个人把工作当成是职业，他会全力应付；一个人把工作当成是事业，他会全力以赴。"同样的道理，一个人把企业的事看作与自己无关的事，就会尽力逃避，事不关己高高挂起，；而一个人若是能把企业的事看作自己的事，会更加关心企业的发展，关注工作中、生产中企业变化的每一个细节，并且能够将个人的命运和企业的命运联系到一起，在不断进步的工作中体会到工作带来的乐趣。

张大明是利森水泥公司的包装班长，在他工作的几年中，他踏踏实实的工作作风，以厂为家的工作态度，在平凡的岗位上创造了不平凡的成绩。他不仅在公司发展中积极地进言献策，还亲自投身到实践中为企业的生产创造了巨大的经济利润，在连续多年被公司评为优秀员工的同时，他也成为公司各部门员工的学习榜样。

张大明在进入利森水泥公司之前做的是木匠的工作。在他成长的那个年代，能够学得一技之长，不仅可以获得生存的保障，还可以获得众人的尊重。学成木匠的手艺之后，张大明到一家装修公司开始了打工的生涯。在外面漂泊求生的日子并不好过，各种的苦和累他都经历过了，眼看自己马上进入不惑之年，家里的孩子相继进入求学阶段，张大明的负担也开始重了起来。

为了能够更好地照顾家人，张大明结束了十几年的漂泊生活，打算回老家找一份工作。那时利森水泥厂正在当地招聘工人，张大明几经周转也去参加了面试。可是，面试的第一个问题就让他不知道怎么回答了。招聘的人员问他可以胜任什么工作。张大明一下子蒙了，他干了十几年的木匠，真不知道自己在水泥厂可以胜任什么工作？既然原本的木匠手艺用不上，他只能选择从不需要任何技术含量的搬运工开始做。

虽然只是一个搬运工的工作，他却也很珍惜。每天都把工作尽快做完，有的时候做完之后，他还会帮助其他同事。因为工作成绩出色，并且获得了同事的欢迎，几个月后他就被领导调到了生产车间做巡检工作。

张大明当时对于生产线上的工作一窍不通，技术操作也不会，连机器的运作原理都不懂。但是由于领导对他的信任，还有同事对他的热心支持，让他早已把利森当作第二个家，面对这些工作上的困难都是可以克服的。为了能够尽快地熟悉工作环境，他便每天跟在那些技术人员后面，将操作步骤一步一步地拿笔记下来，下班的时候仔细复习，看不懂的第二天继续观察，继续问。经过十几天的辛苦摸索，张大明终于掌握了巡检工作的要领，工作干起来也顺风顺水了很多。

有一次，他带着几个员工在巡检车间发现了出现问题的设备，张大明当时就报给维修部门检修。为了能够尽早修好设备，保证生产工作的正常运行，张大明陪着维修工人一直熬到了半夜。由于一直忙于维修工作大家都觉得肚子饿了，但都想尽快完成工作，没有人提出吃宵夜的要求。原本早就应该下班回家的张大明独自跑到了工厂外面的饭馆，自掏腰包给维修师傅买回了几样小菜，让熬夜加班的师傅能够有更好的体力继续未完成的工作。

类似这样的事情还有很多，同事们都说他，总是把不是自己的活往自己身上揽，把公司的事都当成自己的事情做。张大明说，“公司的领导对待员工特别亲切，只要你干得好，够努力，领导都会给你机会。”很多和他一样做木匠的老乡现在还在外地打工，收入也很不错，很多人都劝他加入，可是都被张大明一一拒绝了。在获得全国五一劳动奖章之后，他的心意也没有一丝改变。他依然是热爱工作的包装班长，每天都在忙活着分内分外的事，帮助领导分担苦恼，帮助同事解决难题。他说：“利森就相当于我第二个家，我的下半生都会和利森走在一起。”

有的人会想，企业的事就是老板的事，和我有什么关系呢？这样看问题就太过狭隘了。公司的人事、财务和决策大权当然都是老板的事情，但是工作中还有很多像是节约用电、关灯锁门这样的细节问题，除了工作之外的很多方面都可以让我们发挥余力。职场中，不管是老板还是上司领导，都喜欢像张大明这样把公司的事当作自己的事、把他人的事也当作自己的事的员工，他们会从这样的员工身上看到更多积极的人生态度，看到更加向上的工作精神。

将企业的事当作自己的事，应该是所有员工都应该具有的价值观。有句话说“今天的成就是昨天的积累，而明天的成功则有赖于今天的努力。”优秀的员工能够切身地深入到公司发展中，即使身处在并不重要的职位上，也能想办法把身边的事情做好，将自己的才能发挥到公司需要的每一个角落。拥有这种积极心态的员工，会时时刻刻都把自己当成是企业的主人，在力所能及的范围内帮助企业解决问题。

一个80后的稚气青年，通过辛苦打拼，如今已经从一位默默无名的业务员做到了公司的客服经理，从几个月没出过一张订单到如今每年有几百万的固定客户，可以说，他的辛勤付出改变了他的人生。然而在工作中，他总结起来最珍贵的经验却是——将公司的事情当作自己的事情来做。这个人叫做胡广。

胡广出身农村，还不到二十岁就离开家乡到城市闯荡生活。对于这个没有学历，没有资历的年轻人来说，混迹在偌大的城市中，自己渺小得宛如沧海一粟，随时的一个小风浪就可以将自己淹没。刚刚来到大城市的时候，他分别做过文员、保安、快递员等工作，这些工作给了他丰富的人生体验，可他总是不满足于现状，感觉自己还有很大的潜能没有发挥出来。后来，一次偶然的机会，让他进入了销售行业。在与不同的销售人员沟通的过程中，他渐渐了解到销售是一个非常具有挑战性的工作，既可以让自己的能力得到最大程度发挥，同时还会获得很高的收入回报。这一点恰好符合不甘于现状的胡广，他不怕辛苦，也不怕困难，越是难办的事情他越有干劲儿，经过一番考虑之后，他选择了经营电缆的销售工作。

万事开头难。刚开始的时候，他和许多刚入行的年轻人一样，对于销售的技巧、销售的途径都不是特别清楚，因此也走了很多弯路，受到了很多教训。有一次，面对一个外地的客户，为了体现合作的诚意，胡广亲自跑到客户的城市去面谈产品的性能、价钱等，并帮助客户选择合适的购买策略。一开始客户表现的很有意向，和胡广谈判的过程也比较融洽，给了胡广很大的信心。他一度以为这会成为他的大客户，于是更加卖力气地帮助客户解决各个方面的疑问。可是，两个月过去了，客户也没用决定购买胡广公司的产品。胡广一直从自己身上找毛病，“是不是哪个问题没有给予合理的解决，客户觉得产品不满意了?”后来经过了解，原来是这个客户的项目启动资金有限，根本没用能力采购他们公司的产品。经过这件事之后，胡广深刻地总结了经验教训，从此以后，在选择客户的时候他都会提前进行更详细的了解，对客户资料掌握清楚了之后，再进行下一步的业务洽谈。

他在不断地摸索中，找到了一条“将公司的事情当作自己的事情”的箴言。在给公司新来的业务员进行培训的时候，他也是这样说的。有一个新来的业务员张帅对此提出了自己的想法：“胡经理，我们业务员不是拿提成和奖金的吗，只要把产品卖出去就行了，和公司有什么关系？”

胡广耐心地给张帅解释道：“的确，我们做销售确实是按照业绩来考核成绩和薪水的。但是，我们也要清楚，个人的发展和公司的效益是息息相关的，当我们将公司的产品卖出去，企业得到收益的同时，我们也会得到属于自己的收益。在企业得到持续发展的同时，我们也会不断地得到提升，不断地实现自己的价值。”

听过经理的一番讲解，业务员们对“将公司的事情当作自己的事情”这句话有了更深刻的理解。胡广也是一直秉持着“将公司的事情当作自己的事情”的信念，因此他的工作越来越得心应手，在和客户的沟通中更有自信，更有勇气，也让他在不断提升的业绩中得到了一直期许的收获。

将企业的事当作自己的事做，可以让我们从工作中收获意想不到的快乐，还会从工作中收获成就感和归属感。员工要有一种企业的事就是自己的事的心态，而不是把自己当成企业发展的旁观者。我们不是为了别人工作，而是为了自己。当我们能够以主人翁的心态面对企业的事，就会具有与公司同呼吸、共命运的责任感，也就会不断地提升自己，成为一名卓越的员工。如果公司的每一名员工都能以主人的心态来工作，积极主动地参与公司事务，自觉自愿地承担相应责任，那么公司就会得到更快、更大的发展，员工的未来发展空间也是无可限量的。

3

决不把任何问题留给别人

有一句话这样说："如果你不能解决问题，那么你就是问题的一部分"。当工作中遇到了问题，不要一味地想着怎样把问题留给别人，用逃避的方式来解决。相反地，要在问题面前挺身而出，做一个能够主动承担责任的人，成为问题的解决者。

把问题留给别人的员工首先是不负责任的员工。工作中总是利用各种借口推脱问题，利用各种手段将责任转嫁给他人，这是不能承担应有责任的人的怯懦表现。而且，习惯性地把问题留给别人，会慢慢养成对他人的依赖，无论做什么事情都不想通过自己的努力解决，而是思维定式地留给别人去做。长此以往，不仅会错过工作中的很多机遇，更重要的是错过了磨炼自我、提升自我的机会。对于工作中出现的问题，要敢于面对，迎头而上，要分析问题，解决问题，更重要的是要在分析和解决问题中不断地积累经验，不断地学习和成长。

娜娜是一个爱说爱笑爱玩爱闹的80后女生，在大学学习了四年的广告设计之后，顺利地进入一家广告公司做设计助理。这家公司是业内知名的企业，不仅效益好，员工的福利待遇也特别好，所以娜娜很喜欢这份工作，每天高高兴兴地做着助理的工作，争取三个月过后可以正式进入公司。和娜娜同期进入公司的还有一个女孩叫做琳琳，她比娜娜晚来两个星期，无论学历或是能力都要比娜娜差很多，因此娜娜也没有把她当做竞争对手，一直友好地相处着。

助理的工作非常琐碎，每天打电话联系业务，策划在忙的时候就需要协助写广告文案，人手不够的时候则做一些跑腿的杂事。虽然事物很杂，但是都没有什么难度，娜娜工作起来也很顺手顺心。可是，娜娜有一个毛病，就是办事拖拉，常常找不准自己的工作，有的时候连经理都被她惹火了。

有一次，策划分配娜娜一个任务，就是将上半年的客户信息进行分类整理，准备在年终会的时候做汇报总结。由于娜娜刚来到公司不到两个月，前几个月的客户信息都不在她手上，而且很多信息她也不熟悉，于是她跟琳琳抱怨道："策划这不是难为人嘛，上半年的客户都不是我联络的，要怎么整理嘛！"

琳琳看着她苦恼的样子，连忙安慰她道："没事的，你慢慢做，等我忙完手里的活，我去帮你。"

听了琳琳的安慰，娜娜心情也好了很多，开始着手整理各个月份的客户信息。娜娜从她接手的这个月开始整理，将各项数据录入电脑之后，又开始整理之前的部分。可是她越做越是找不到头绪，心情也跟着烦躁起来。眼看着下班时间马上到了，她还有一个重要的约会，工作却一点儿头绪都没有。娜娜看了看低头忙碌的琳琳，慢慢走到琳琳身边说："琳琳，我真是理不清头绪了，而且你看马上要下班了，我还有约会呢。"

琳琳看透了她的心思，笑着说："好了，有约会的话，下班你就先走吧。一会儿把那些资料给我，我帮你想想办法。"

娜娜高高兴兴地下班约会去了，琳琳则独自留在办公室，开始研究起娜娜留下的一堆数据。其实，前几个月的客户信息也同样有记录，只不过前任助理做编排记录的方式和娜娜不太一样，信息量却是一点儿都没差。琳琳看了几份资料之后，慢慢找到了其中的规律，开始整理了起来。

琳琳一直忙活到晚上九点多，终于把策划需要的所有信息都录入到电脑中，还排好了版，明天娜娜来的时候直接打印给策划就可以了。琳琳刚要准备下班的时候，遇到刚刚谈业务回来的策划。策划看见她手里的一摞资料，问道："这不是上午我给娜娜的工作吗，怎么是你在做啊？"说完拿过琳琳做好的表格，又对比一下娜娜上午做的表格，点了点头，什么都没说，让琳琳下班回家了。

第二天，娜娜就接到了解雇的通知。理由只有一个，一个连自己的问题都不能合理解决的员工，根本无法胜任广告设计的工作，公司没有必要花时间培养这样的人。

许多时候，将工作中的问题留给别人的同时就是放弃自己的责任，也是放弃自己手中的机会。

就像娜娜，把工作的“麻烦”推给了琳琳，其实等于将机会送给了琳琳，最终没能通过试用期，被淘汰，而琳琳因此“捡”到天上掉下的“馅饼”。或许将问题留给别人，能够让我们的精神在短时间得到放松，获得短暂的快乐，但是对于我们形成解决问题的能力一点儿帮助都没有。所以我们要有一种意识：永远把问题留给自己，把责任留给自己，才能抓住机遇，成为那个“幸运”的人。

我们应该让把问题留给自己形成一种习惯，不管工作有多难进行，任何推诿都是不负责任的表现。我们只有勇于面对眼前的局面，在问题中摸索解决的方法，才能找到正确方法。我们在解决问题的同时，就给自己提供了成长空间，抓住了新的发展机会，在不断解决问题的过程中，我们逐渐变成一个具有责任感、具有高超解决问题能力的人。

在职场中，每个老板都希望员工能够出色地完成工作，能够独立地解决企业遇到的问题，不要把问题留给别人，更不要把问题留给老板。然而，在众多的企业中，老板却不得不面对这样尴尬的局面。有很多员工做不好的事情就找老板帮忙解决，很多留下的烂摊子也要老板帮忙收拾，甚至在老板和员工之间常常出现“踢皮球”的现象，这不得不说是老板的不幸，也是企业的不幸。

1999 年，曾经美国最大的零售商凯玛特就出现过公司破产的传言，直到 2002 年，凯玛特终于支撑不住，正式申请了破产保护。凯玛特的破产是很多管理层的决策失误导致的，但是在 1990 年的年终大会上出现的一幕似乎早已预示着凯玛特的未来。

在那年年终的酒会上，一个高级经理向坐在他身边的上司请示工作中遇到的一个问题，可是他的上司不知道如何回答，便向自己的上司继续请示，这位上司也不知道怎么回答，于是他又转过身去，向自己的上司请示。于是，这些经理人像多米诺骨牌一样，一个倒向另一个，直到将这个问题最终传到了总经理那里。总经理无奈地感慨道："真是好笑，这么多优秀的经理人竟然没有人思考解决问题的办法，只能不断地把它推给上司，直到最高领导那里。"

工作中，这种现象经常发生。无法完成领导交代任务的员工，或者寻找领导求助解决问题的建议，或者干脆告诉领导这个问题他解决不了。这样的员工往往都是对待工作非常不负责任的员工，不仅不能有效地解决问题，更不愿意承担因此产生的责任，于是干脆将难题推给他人，落得自己一身轻松。

然而，每一个员工的发展都是与所在团队、所在的公司紧密相连的。作为团队中的一员，把问题留给别人同样就是推给团队，也就是对团队不负责任，最终的结果也就是对自己的不负责任。

现实工作中，无论我们从事着什么样的职业，都不要把自己的问题推给别人，要通过自己的思考努力去解决问题。企业需要每一个员工为企业创造价值，能够为企业的发展献计献策，做一些积极有益的事，而不是遇到问题就留给他人，留给领导，做一个事不关己的旁观者。

有一家酒店曾经遇到过这样的问题。一位入住在酒店的外国客人打算独自出门去观光，了解当地的风土人情，于是他在门口租了一辆车，由车夫拉着他到各个巷弄游玩。这位客人玩了半天，心情大好，可是在最后和车夫计算车钱的时候，两人发生了争执。

原来，车夫按照标价收取一个人 180 块的车脚费，可是游客觉得价钱太高，只同意给 100 块。两人都坚持自己的想法，谁都不肯退步。两人在酒店大堂争执得面红耳赤，眼看就要打起来了。这时，酒店的大堂经理黄元路过知道事情的原委后，决定从中调解。

黄元上前劝说了两句之后，游客只同意给到140，车夫坚持少了160肯定不行。根据黄元的观察，其实争执的双方都不是特别在乎价钱的问题，只不过是双方气势都很高涨，谁都不愿意放下脸面说句软话，于是场面就僵持住了。黄元心想："这就是个面子的问题。只有想个办法让两个人都有面子，问题肯定就解决了。"

冥思苦想之后，黄元想到，原本外国人在接受服务的时候，喜欢给小费以表示感谢。于是，黄元建议外国游客给车夫10块钱的小费，算起来是150块，这个价钱车夫也觉得多10块总是多赚点儿。最后，在黄元的游说之下，外国游客做出了让步，终于把问题圆满解决了。

在实际工作中，总是会遇到这样那样的问题，可是很多员工总是推诿责任，不能够直接面对困难，常常将问题留给他人、留给企业。这样不仅对于企业的发展没有益处，对于自身的成长也毫无意义。有一句话叫做"风可以把蜡烛吹灭，也可以把篝火吹旺"，意思就是说工作中的问题可以带来阻碍，同时也能够成为进步的阶梯。

优秀的员工不会逃避问题，反而会想方设法地解决问题。因为对于他们而言，问题只会让他们更积极地思考。优秀的员工永远不会将问题留给别人，而总是可以解决好工作中的每一个问题，全力以赴、尽职尽责地做好自己的工作，创造出最满意的结果。

4

做不好细节，企业这艘船就会沉没

职场上有这样一句名言："认真做事只能把事情做对，用心做事才能把事情做好。"如果将企业看作一台构造复杂的机器,那么每一名员工都是其中的一个零部件。员工能够在每一个工作细节上都起到作用,就可以保证整台机器的顺利运作。任何一个零部件出了问题,机器都无法正常运行,甚至会瘫痪。

如果将企业看作是一艘航行中的大船,那么每一名员工都是船上的水手。水手能够各司其职,在工作中做到细节,做到尽善尽美,这艘大船就可以顺利地达到港湾。如果水手没有做到本职工作,企业这艘大船就可能驶入错误的航线,严重时候甚至沉没。

细节的工作,看似渺小,很不起眼,实则蕴含着成败的玄机。细节的成功往往都不是独立存在的,就像是云朵显示了天空的蔚蓝,但是云朵永远依附天空而存在一样。员工在工作中,不能好高骛远,单纯地想着要做大事,却不能从细节入手,甚至每天往前一步。

永远不要小看细节问题,细节可以决定成功,也会酿成苦果。工作中的事情,无论大小,只要是对提升工作质量有帮助,对提升工作效率有帮助,就应该全力以赴地去做,用每一个完美细节堆积起来的工作才是真正有质量的工作。相反地,如果连工作中一些细节问题都处理不好,还能妄想成就怎样的丰功伟业呢?

很多人都听说过"哥伦比亚"号的悲剧。"哥伦比亚"号航天飞机在空中完成作业,在返回地面的途中意外地发生爆炸,飞机坠毁,飞机上的七名宇航员全部遇难。这次事件震惊了全世界,而一切悲剧的起因不过是一块脱落的隔热瓦。

当时,"哥伦比亚"号航天飞机的表面覆盖着两万多块隔热瓦,这些隔热瓦可以抵御三千摄氏度的高温,可以有效地保护航天飞机在高速飞行时被摩擦产生的高温熔化。然而,在"哥伦比亚"号刚刚升入天空的时候,一块隔热瓦从燃料箱上脱落下来,并且击中了飞机的左翼。"哥伦比亚"号升空之后,飞机左翼的损坏并没有给飞行作业造成影响,宇航员们在太空中完成了八十多项实验,并且得以在太空中观察地球的美景。可是在返航过程中,失去隔热板的机体受到巨大的空气摩擦,导致机身在最后几分钟飞行姿势严重摇摆，即使飞机上的计算机努力纠正也没有保证“哥伦比亚”号的平衡前进，最后造成了不可挽回的损失，还有七条无法用价值衡量的宝贵生命。

俗话说：“一滴水可以折射整个太阳的光辉。”企业中的所有大事都是由众多细节小事组合而成的。工作中，不足挂齿的小事比比皆是，如果员工总是眼高手低，只看大事忽略小事，最后也会因为一件一件小细节的堆积而走向失败。“一屋不扫何以扫天下”，连小事都做不好的人，又怎么可能做成大事业呢？

工作中，没有任何细节可以抛弃，也没有任何小事可以忽略。我们干工作的时候，应该积极地从工作的细节开始做起，在完美完成细节任务的情况下，逐渐锻炼自己的意志，提升自己的能力，为日后的大事业打下深厚的基础。不管什么样的小事都要全力以赴去做，即使是最琐碎、最细小的问题，也要尽职尽责地完成。

陈珂毕业后进入一家传媒公司，这是一家集品牌推广、创意广告和企业形象策划于一体的综合传媒企业，不仅专业性强，而且员工的综合素质也很高。陈珂经过几番的激烈竞争，终于从几百人的应聘中脱颖而出，能够进入这样一家成熟的企业，也让他对未来更加充满信心。

可是，在正式入职开始工作后，陈珂却经历了巨大的思想落差。原本他以为顺利被聘用，一定会有大好的机会等着他发挥，让他能够在最短的时间里体现自己的价值。然而事实上，领导每天给陈珂安排的工作都是查阅资料、发送文件，甚至是帮助设计师打打下手这样的杂事。陈珂觉得这完全是人才浪费，每天心里愤愤不平地工作，并做好了随时跳槽的准备。

部门经理把陈珂的变化都看在眼里。一天，部门经理叫陈珂到资料库查阅一份资料，影印后发给每一个部门的经理。当陈珂将资料送到部门经理的桌上时，经理说道：“小陈啊，你这工作做得可不够认真啊！”

陈珂一头雾水：“我做得很认真呀！您看，这些资料我都进行了分类。”

部门经理指着纸张的卷角部位说:“难道没有抹平的卷角也是你认真工作的一部分吗?”

陈珂看了一眼底角全部卷起来的资料,低下头沉默不语。

部门经理语重心长地说:“小陈啊,我在刚刚进入公司的时候,也是从你现在的工作开始的。要想做大事,就要沉得住气,耐心地把手边的每一件小事都做好。连这些细节都做不好的员工,公司怎么可能委以重任呢?”

部门经理的一番劝导对陈珂的影响很大。从此之后,他每天都认真地对待自己的工作,即使是影音资料、倒茶水这样的琐事他都认真严格地要求自己,争取做到完美。

三个月后,公司接到一个音乐会的户外广告,部门经理看到这段时间陈珂的表现,决定将这个案子交给他处理。陈珂依然记得部门经理说过的那句“要想做大事,就要沉得住气,耐心地把手边的每一件小事都做好。”他仔细对比公司以往的成功案例,还将公司的作品和同行的作品进行对比,选择出最完美的设计方案。在广告词的设计上他也是一个字一个字地推敲,力求把每一个细节都做到极致。

两个星期之后,陈珂顺利地交上了计划书,将自己的设计理念完整地呈献给公司的各个部门。经过公司开会的几番讨论,最后,陈珂的设计计划被公司采纳。在日后的工作中,他分别还做过公司的各类广告设计,活动设计,以及重大品牌的推广工作,一直陪伴他的就是当初部门经理的那句“要想做大事,就要沉得住气,耐心地把手边的每一件小事都做好。”

比尔·盖茨说过:“每一天,都要尽心尽力地工作,每一件小事情,都力争高效地完成。尝试着超越自己,努力做一些份外的事情,不是为了看到老板的笑脸,而是为了自身的不断进步。”一个整天想着做大事的人,往往都会因为精力过于分散,而忽略掉很多细节。真正成功的人往往都是非常重视工作细节,力求在每一个细节上做到完美,不断超越成绩的人。

一件细微的小事情，往往反映的是一个人的基本素质和责任心。具有责任心的人能够发现细节问题，能够把细节做好。记住，先把细节做好，才是工作发展的前提，也是企业大船不沉没的重要支撑。

5 合理规划工作目标，尽最大努力实现

对于人生的航程来说，目标就是前进的灯塔，它对人生起着主导作用。人生具有什么样的目标，就会有什么样的结果产生。工作也是一样，有着什么样的工作目标，就会做出什么样的工作成绩。没有目标的员工只会整天无所事事，没有明确的人生方向，而只有目标没有计划的员工，只能抱着一个目标空喊口号，没有实际的意义。

优秀的员工善于规划自己的人生，也善于合理地规划工作目标。他们知道在哪个阶段可以进行哪些工作，按照实际情况，制定一个更加细化的优先顺序，将实现目标的每一个环节都列入工作计划之内。这样既可以目的明确地开始每天的工作，而且会做到有条不紊，层层深入。工作中，凡事都是先有了目标定计划，有了计划再行动的成功几率高一些。只有目标没有行动，目标也只能是空中花园，而只有行动没有计划，一切行动也会变得杂乱无章，效率低下。

王杰和李扬是一个部门的同事，他们能力不相上下，工作环境也都一样，每天都是朝九晚五地上班下班。可是一年之后，他们的工作业绩却产生了天壤之别。王杰的工作习惯是一边聊着天，向朋友抱怨着工作的烦恼，一边联络着客户，完成着上司交代的工作任务。这样边聊天、边工作，一天下来，任务没有完成，连几个传达的文件也没有时间看，最后没办法，只好把今天的工作推给明天。

有时候，王杰一走进办公室，就被经理拉出去帮忙处理一个紧急的客户，忙活了半天，回到办公室已经到了下班时间了。王杰心想，没剩多少时间了，只好把今天的任务和昨天的一起推到下一天去了。就这样，王杰按照他优哉的工作习惯，一年下来，不仅工作业绩是部门里最差的，而且业务能力也还停留在原本的水平，一点进步都没有。

和王杰完全不同的是李扬的工作表现。李扬特别珍惜每天八个小时的上班时间。他觉得每天上网闲逛、聊天吃饭这些都会分别占去很多的宝贵时间，因此从第一天上班他就给自己制定了明确的目标和详细的计划。他的目标是一年之后可以独立完成工作项目。另外他除了制定日计划、周计划之外，还将一天中每一个重要的时段划分出来，让自己能够在关键的时间内完成重要的事情，使工作按部就班地依序进行。不仅如此，他上班的时候从来都不闲聊，而是将点滴的时间用来处理零碎的工作，这样不仅不会耽误整个工作计划的执行，同时还会提高工作效率，在最短的时间里完成最多的工作。

很多人都知道，在雪地上行军是一件非常危险的事。因为一片白茫茫的雪海很容易让士兵患上雪盲症而无法辨别前进的方向。有人觉得令士兵迷失方向的是雪对太阳光的反射太刺眼，但是专家研究得出的结论是：导致雪盲症的并非是雪地的刺眼反光，而是它的空无一物。专家认为，人类的眼睛在观察事物的时候总是可以从一个目标点落到另外一个目标点上，但是在无垠的雪原，人类的眼睛找不到任何目标，最后就会因为过度紧张而失明。

人类的眼睛会因为没有目标而失明，员工的工作也会因为没有目标而失去努力的方向。当一个员工没有工作目标时，他就像是一只无头的苍蝇，因找不到方向到处乱撞，既不明确每日工作的意义，也找不到工作的条理性。而拥有明确目标的员工，可以条理清晰地安排好每天的工作，还会定时反思、随时评估目标与努力的进展情况，从而调整战术，尽最大的努力将目标实现。

从前在小镇上有一个商人，他开了一间小小的咖啡店。小店在镇上的一角开了十几年，后来却因为没有客源而不得不面对关门停业的局面。当邻居来向他告别的时候，商人正坐在那里黯然神伤，苦思冥想他经营失败的原因。

商人很疑惑地问邻居："难道我的咖啡变了味道，客人们不再喜欢了，还是因为服务态度不周到，不够热情呢？"

邻居安慰他说："或许事情还没有那么糟糕，但是你需要总结一下原因，为什么你的咖啡不再给人带来快乐了？"

商人反问道："难道我的咖啡曾经给人带来快乐吗？"

说完之后，商人陷入了沉思。原来，当初他和妻子来到这个小镇，打算经营一家咖啡店时，他们的愿望是通过亲手制作的咖啡给光顾的客人带来快乐。为此他将咖啡店粉刷成五彩斑斓的彩虹颜色，而妻子则是将咖啡店里种满了缤纷的花朵，为小店营造了一个轻松、愉快的环境。那个时候，咖啡店的生意非常好，每天下午都有很多镇里的人聚集到这里，或是约见朋友，或是洽谈业务，有的人则仅仅是想去喝杯咖啡，静静地坐上一下午。

可是，自从妻子去世之后，商人不再用心打理小店了，每日开业打烊也变成了例行公事，整个小店从此陷入了惨淡经营的局面。直到今天，商人不得不面对关门歇业的结果。

从回忆中晃过神来的商人说："对，我一定是忘了经营咖啡店最初的目标是：要给客人带来快乐了。所以才落得今天的结果。"

邻居笑笑说："现在不妨清算一下你的资产，或许可以将门面重新粉刷，将花朵重新种植，重新开始。"

"是的，我现在需要的就是按照你说的去做。"商人说。

在商人的精心筹划下，小店再次顺利开张，能够看到昔日的快乐咖啡店，镇上的人都很高兴，纷纷去光顾，寻找失去的休闲时光。商人也因为这次重生的计划，生意做得越来越好。

没有目标的员工就像没有指南针的航船，没有计划的工作只能是毫无意义的消耗时间。每一名员工都应该清楚地认识到，工作的目的是什么，需要什么，需要做什么，如何去做，并为此制定一个切实可行的行动方案。只有有效的目标管理才能形成高效的行动力，也只有切实可行的工作计划，才能达到纲举目张、水到渠成的工作目标。

6 端正工作态度，为企业兴旺竭尽全力

除去少许天才，我们大多数人的天资都相差无几，可是为什么每个人都有着不同的职业生涯。工作一段时间之后，有的人能成为企业的精英，承担着更多的责任，也收获更多光环，而有的人则一直碌碌无为，并且永远不会被人知晓。这其中的区别，就在于对待工作的态度。一个勤勉进取，埋头努力的员工，会一直保持积极的工作态度，工作中绝不得过且过，而是踏实肯干，凭借着不懈的努力干出一番成绩来。一个庸庸碌碌、混沌度日的员工只能是日复一日地重复一样的生活，在毫无生机的工作中度过一生。

工作是员工施展才能，实现价值的舞台，而工作态度直接决定了工作成绩，也决定着成就什么样的人生。在普通岗位上的每一位员工，都应该首先端正自己的工作态度，将积极进取的态度作为工作责任的一部分，在工作中找到展示自己才华的机会，为实现自己的价值而努力，为企业的兴旺而努力。

克洛克的家境并不富裕，他在念书的时候，就需要一边上课一边打工，赚些零花钱以贴补家用。克洛克打工的那家餐厅老板很和善，对克洛克也很好，但总是安排他做清理餐桌的活，而且一定要擦到他满意为止。克洛克很不满意老板的安排，因此偷偷离开餐厅，跑回了家里。

回到家里之后，克洛克向爸爸抱怨老板对他的安排："老板只安排我做擦桌子的工作，擦桌子一点儿难度都没有，经营餐厅的经验也学不到，我不要擦桌子了。"

爸爸看着委屈的克洛克，没有说什么，而是叫克洛克拿来了两条毛巾。爸爸说："这条毛巾给你，现在你去擦干净家里的餐桌。"克洛克莫名其妙地走到餐桌前，随便地擦拭了一遍，就把毛巾交给爸爸了。爸爸随后拿着另外一条毛巾，到餐桌上又擦拭了一遍。爸爸把他的毛巾和克洛克用过的对比了一下发现，爸爸的那条要更脏些。

爸爸语重心长地对克洛克说："擦桌子的确是没有什么难度的活儿，可是如果你不能端正态度，认认真真地做，桌子你也是擦不干净的。"

听了爸爸的话，克洛克羞愧不已，当即回到了快餐店，继续擦桌子。这次和以往不同，克洛克按照爸爸的教诲，认认真真地擦桌子。一段时间后，他踏实的工作态度得到了老板的赏识，老板让他留在店里继续尝试其他的工作。最后，克洛克成功地接管了这家餐厅，做了老板。十年之后，他创立了自己的餐饮公司，也就是今天开遍世界的快餐连锁店——麦当劳。

不同的工作态度，直接影响工作体验和工作结果的不同。因为工作态度影响的是我们看问题的角度和心情，甚至会影响我们对待工作、对待职业的认知。工作态度真的是一个特别神奇的东西。积极的工作态度可以帮助我们在工作中战胜困难，战胜恐惧，还可以帮助我们不断地挖掘潜能，提高工作效率，完善工作质量，为企业的兴旺尽更多的力量。

公司来了两位新人，严俊和钱乐。这两个年轻人都聪明伶俐，并且对于未来有自己的思考，因此总经理特别注意培养他们。有一天，总经理叫严俊和钱乐两人联系他们的部门经理，到总经理办公室去一趟，正好有新的任务布置给他。回到本部门之后，严俊发现部门经理不在办公室，心想等他回来再告诉他好了，于是径自地坐在办公桌前干起自己的工作来。

钱乐也发现部门经理不在办公室，于是多方打听，几经周折后发现原来部门经理出差了，由于火车晚点，今天凌晨才回家，要等到下午才会来公司报到。钱乐将他获得的信息报告给总经理，总经理马上重新安排了工作计划，保证了公司工作的有序进行。

还有一次，总经理夜晚要参加一个酒会，安排严俊和钱乐到干洗店将他的西装拿回公司。严俊心想，总经理要晚上才用西装，只要趁中午休息的时候拿回来就行了。结果中午休息，他先去吃个饭，再去干洗店的时候却发现干洗店老板有事外出，已经关门了。

钱乐在接到总经理安排之后，马上打听到是哪家干洗店，然后打电话过去说，中午可不可以去拿衣服？结果老板说十点之后他有事要出门去，希望可以在十点之前去拿，要么下午六点之后再拿。钱乐考虑了一下时间，如果六点之后去拿，总经理的行程就会比较紧张，于是他趁工作的空隙连忙跑到干洗店，将西装提前拿回来了。在下班之前，总经理叫他们拿西装到他办公室去，钱乐将平整的西装交给了总经理，而严俊却两手空空，什么也交不出来。

一个人的工作态度，反映的是一个人的人生态度。同时，一个人的人生态度也直接决定一个人一生的成就。假如我们对工作总是被动地承受，不能发挥主动性将工作尽力做到最好，甚至产生厌恶、烦躁的情绪，那么工作也只是煎熬的奴役，我们不仅无法快乐地工作，工作成绩也会惨不忍睹。但是，如果带着热忱的心和饱满的激情参与到工作中，不管是经营一家企业，还是做卫生保洁，都能够将工作看作是神圣的，是高贵的。

记住，即使是洗马桶的工作一样有做到最优秀的人。不要害怕工作中的困难，更不要根据职位来评判一份工作的价值。保持踏实的态度投入工作，对职业怀着深切的兴趣和热情，就会在职业发展上大有作为，也会成为企业兴旺的中流砥柱。

那么，在工作中要怎样才算端正态度呢？以下的几点建议可以参考。

1. 认真踏实地工作。人生本来就是一个不断积累的过程。知识和经验的积累会帮助我们勇敢地战胜工作中的困难，也会让我们增加信心，拥有越挫越勇的心态。因此，在工作中需要认真地思考、努力地学习、总结经验、踏踏实实做好每件事情，这样可以发现工作中的机会很多，也可以更好地实现价值，给企业带来更大收益。

2. 尽心尽职地工作。俗话说："不以善小而不为，不以恶小而为之。"对待工作也是一样的道理，要追求工作中的每一个细节，像对待自己家的事情一样对待企业的事，不因为一点小事延误工作的时间，也不能因为个人情绪而影响工作进度。对待工作要一丝不苟，竭力做好每一件事。

3. 满怀热情地工作。热情永远比方法重要。当我们能够对工作充满热情，将工作当成一项光荣的使命来完成时，就可以克服掉工作中的难题。在收获更多工作成就的同时，还会因为热情的工作态度收获更多愉快的心情、振奋的精神和不断增强的信心。我们工作不仅仅是为了养家糊口，更是为了能够实现自我价值。充满激情的工作可以让我们一直保持高昂的精神状态，在工作中不断进步，保持一直前进的势头和决心。

4. 感恩敬业地工作。不管工作环境如何，作为员工，我们都应该带着感恩的心去工作，感恩自己的工作，感恩自己的公司，尽善尽美地干好本职工作，不要浪费时间和精力去批评他人、指责他人。在工作中获得经验的积累和技能的提升，获得快乐的生活，这才是我们工作的目的。

第四章

胜在乐业：只有我们乐于工作，企业才会永葆基业长青

工作的最大价值，不是我们所取得的成就，而是工作带给我们的快乐和幸福感。发现工作乐趣，乐于工作，工作就不再是负担，而是快乐和幸福的源泉。企业也将不再是“炼狱”，而是“天堂”，它给予我们的也将是丰厚的回报和机遇。因此，我们管理好情绪，把工作变成最快乐的事，不仅会使企业永葆基业长青，也成就着我们自己的人生。

1

乐于工作的员工是企业兴旺的基石

最佳的工作状态是对工作乐此不疲、充满激情。当员工能够全身心地投入到自己喜欢的工作中去的时候，就会感觉时间如飞梭，觉得身体每一个毛孔里都充满了热情和激情。这个时候，即便面临堆积如山的工作，也不会觉得工作辛苦。因为喜欢，一切过程变得美好而不知疲倦。

员工因为找到工作的乐趣，便找到了实现人生价值和使命的途径。对于企业来说，乐于工作的员工是企业兴旺的基石。员工工作的过程越快乐，工作效率越高，企业的发展越兴旺。试想，员工乐于工作，便能用最好的心态来做事，就会快乐地完成工作任务，在乐做的行动中享受成功的乐趣。

众所周知，员工快乐的工作不仅会感觉日常工作异常的轻松，没有压力，而且对于企业来说，乐于工作的员工则是企业兴旺的基石。盛辉集团的高速发展就验证了员工快乐工作的重要性。

盛辉集团的副总裁兼广州公司总经理王容金在职工会议上详细地阐述了员工“快乐工作”的价值理念。王容金说自己是企业员工的主心骨和领头人，所以一定会为员工塑造一个和谐温馨的工作环境。让员工愉快的工作和生活，这样就能有效地激发员工工作的积极性和创造性，进而促进企业的兴旺发展。在王容金的带领下，盛辉集团的员工始终保持着快乐的工作状态。

在这种愉悦的工作环境中，企业的生产率大幅度上升，特别是广州片区物流总额每年保持20%以上增幅持续增长，2010年物流总额首次突破1.6亿元。

王容金开展的“快乐工程”，首先就是培养员工的集体感和荣誉感。在广州片区里每当有新员工加入工作，步入企业所学的第一课就是进行企业文化和职业道德教育，以先进的企业精神和集体荣誉鼓舞和激励员工，引领员工为创建和谐企业、共谋发展贡献才智，以先进精神激发每位员工的工作活力。

其次，王容金还指出，员工快乐工作的情绪还来自客户的肯定。王容金说：“作为企业，我们是一头连着客户，一头系着员工。客户对我们的服务认可度、美誉度、关注度越高，员工就越感到幸福和快乐。”

最后，当员工乐于工作的时候，企业要精心地维系员工的快乐情绪，积极引导员工奋发向上、团结协作。王金容所带领的广州公司，就很好地做到了这一点。在公司内部，着力营造推优评先、厂务公开、民主管理、会议座谈、考核评议、学习培训、情绪疏导、谈心沟通、活动开展等和谐企业氛围，热忱关心员工生活，坚持为员工多办实事，以此不断增强公司对员工的凝聚力、亲和力。正是这种未雨绸缪的精心呵护，广州片区管辖的23个分公司彼此尊重，密切协作，不断拓展广州片区在当地物流市场的发展空间，以人为本、共建共享、互利双赢在公司内部得到充分体现。

从某种意义上说，企业越兴旺，名声越大，员工获得的物质条件就越多，精神思想也提升得越高，对企业的归属感、荣誉感、责任感就越强，干活的劲道也越足。这也是一种激励，让员工深刻地明白，企业是员工的家，企兴我荣，企业的品牌荣誉和发展前景广阔也为员工增添了快乐感。

乐于工作是员工做好工作的关键，是员工爱岗敬业的表现，是企业提高竞争力的催化剂，是企业兴旺发展的基石。乐于敬业是员工积极工作的态度，这种精神会无形之中促进员工的发展，促发企业的兴旺。

老子曰：“天下万物生于有，有生于无。”这一哲学思想并没有特别玄奥的地方，只是把人们普遍看重的有形东西提升到无形的境界之中，提示人们在重视有形物质的同时更要强调无形境界的重要性。因为无形的东西更需要孜孜不倦地提炼和领悟，进而对有形的东西起着取之不尽的促进作用。就像企业重视员工快乐工作的情绪，是因为员工乐于工作的情绪会促进员工工作质量的提高、业绩的提升，是企业永葆青春、始终立于不败之地的必然之举。

亨利·卡萨是一个伟大的成功者。他的成功不在于他有一个10亿美元资产的大公司，更重要的是他是一个慷慨和仁慈，并快乐工作的人。他把工作当成自己的乐趣，并且尽自己最大的努力帮助别人。他让许多哑巴学会了说话，让许多腿有伤残的人重新可以走路，让很多穷人有了医疗保障。

亨利·卡萨的这些行为都是在他母亲的感染下做的。每一天，亨利·卡萨的母亲都会在工作结束之后，花一些时间去做义工，帮助那些生活在不幸中的人们。她留给儿子的一条忠告就是：“不快乐工作将一事无成，我除了告诉你要学会寻找工作的快乐之外，什么东西也不能留给你。”

后来，当亨利·卡萨从一名普通的员工成长为一家十亿资产大公司的老板的时候，他说是他的母亲让他明白了热爱他人和为他人服务的重要性。这是他人生中最有价值的事情。因为这样，他会更有动力工作，也更有激情做到通过工作提升自己，发展企业。

倘若乐于工作的员工是企业兴旺的基石，那培养员工乐于工作的激情则是促进企业发展的长生药。不管员工选择什么样的方式提升工作的乐趣，只要有方法把工作当成是一件快乐的事情，就会在快乐中享受到工作进步或成功的喜悦。可以说，员工快乐——工作——成功——快乐，是一个良性循环的过程。只要员工时刻把握住任何一个环节，就能够快乐地工作，快乐地走向成功。

员工乐于工作，是因为快乐的工作会带来事业上的成功。当一个企业的员工都能够快乐的、不懈的奋斗，这个企业必然会像松柏那样常青不衰。无论是个人成功的道路，还是企业兴旺的旅程，在前进的路途中，既会有繁华夹道、流水叮呤的美景，也会有布满荆棘、高山险峻的阻碍。只顾低头赶路的人，会发觉路途漫漫、旅途艰辛、疲惫不堪，而懂得边赶路边欣赏沿途风景的人才会开心地走得更远。

张琦飞大学毕业以后就来到一家颇具盛名的灯具公司上班。从进入公司的第一天开始，同事们就发现张琦飞是个与众不同的人。因为在公司每一天他都非常快乐，笑容好像舍不得离开他的脸颊似的。即便是工作中遇到困难，他也会高兴地向别人请教，而不会像他人那样在一旁愁容满面、苦思冥想。

尽管刚步入职场的张琦飞在各个方面都有欠缺，但是他却非常乐观，也非常热爱工作。在工作中，他经常会向老员工请教，向他们学习工作经验和技巧。

有一天，经理带着张琦飞去与一家公司谈判。在谈判的过程中，张琦飞惊讶地发现上司非常厉害，是一个非常有才能的谈判高手。不管对方问什么问题，经理都能应付自如。张琦飞看在眼里，心里却非常敬佩经理，暗自决定自己要成为一个像经理那样的谈判高手。

当他把自己的想法告诉经理时，经理很诧异。他问道："你为什么要学习谈判技巧？"张琦飞只回答了三个字："我喜欢！"经理沉默了下，然后说："我知道了。"自此以后，每次有谈判或者业务洽谈，经理都会带着张琦飞。张琦飞也比较认真，每次都满怀热情地跟着。不仅如此，他还买了录音笔，把老板和客户谈判的过程毫无遗漏地录下来，回家之后，再反复地揣摩、分析，从中总结出经理解决问题的思路和方法。

就这样，张琦飞快乐地跟着经理"谈判"了两年多，终于如愿以偿地成为一名谈判高手。当经理升职以后，张琦飞当之无愧地坐上经理的"宝座"。在任职不到半年的时间，他就带领团队，一举拿下年度最高销售额的好成绩。获得这样的成功，张琦飞工作更加热情尽责了，即便如此，他依旧每天开心地工作，并且把自己的好情绪、好经验传授给每一个同事。

乐于工作是一种态度，如果企业的员工都能够始终坚持以快乐的情绪做好工作，享受工作的过程，就会忽略工作上的烦恼和枯燥，成就自己的一番事业。而对于企业来说，当所有员工都能做到满怀激情，快乐自发地做好工作，那企业的效益自然会提升，企业的发展亦会欣欣向荣。

2

只有乐在企业，才能够干得出色

人的一生都在不断地学习和奋斗，但奋斗的终极目标并不是获得金钱，而是实现人生的理想和愿望，在转瞬即逝的韶华中享受更多乐趣。员工们在企业工作，也会有很多快乐的源泉，只要用心去感觉，去捕捉，就能体会到。有了快乐的源泉，就会获得源源不断的工作动力，才会把工作干得更加出色。

当员工以一种快乐的心境工作时，就拥有了成功的可能。但是员工要明白的是快乐并非是成功的结果，它只是成功的原因。因为成功源于快乐的心态，有了快乐的情绪员工做事就能恒久地坚持，就会把手头上的工作干得更加出色。

之所以说员工只有乐在工作，才能干得出色，是因为员工快乐做事与高效的工作效率、出色的工作成果是紧密联系在一起的。相反，员工整日以痛苦、厌倦的心态做事，是很难把工作做得出色的。现代职场竞争日益激烈，压力也随之愈来愈大。员工如果不能把工作干得出色，很有可能在职场激烈竞争的浪潮中搁浅。在这样的环境下，身为企业的员工，必须想方设法把工作干得出色，而达到这一目的最轻松的方法就是在企业中时刻保持快乐、积极的工作状态。

刘婉玲在一家公司里做打字员的工作，尽管工作难度不大，但是这份工作很忙，而且比较枯燥。有一天，部门主管让刘婉玲打一个报告，正忙得焦头烂额的她拿过报告，大致扫一眼便很不耐烦地说了句："这个报告不需要重新打，只要在原稿的基础上改一改就行了。"说完便把报告丢给主管。主管见状非常不悦，说："我可以找人来帮我打，你也可以找一份新的工作。"说罢，便丢下报告转身离开。

刘婉玲本来就非常不喜欢这个丝毫没有技术含量的工作，出了这个状况，更是郁闷得要死。但是倔强的她并没有产生放弃这份工作的念头，她想："我可以辞职，但绝不是现在。我不相信自己连一份打字员的工作都做不好。"于是，她忙完手头上的工作之后，便又把报告重新打了一份。

经过这次小小的冲突，刘婉玲决定要快乐地做这份工作，并且要从心里喜欢它。经过半个多月的努力，以前一走进公司就愁容满面的刘婉玲不见了，现在的她总是轻松愉快地对待工作，脸上挂满了笑容。后来，她发现自己已经喜欢上这份工作了，打字员的工作干起来似乎也没有那么乏味枯燥了。

每天在光滑的键盘上熟练地敲出各种文件，犹如坐在钢琴前谱写动人的乐章。有时候一天下来，忙得腰酸背痛，手指发麻也没有了往日那种厌烦的情绪。值得欣喜的是，刘婉玲在不知不觉间，打字的速度竟然比以往提高了两倍，工作效率也随之提高了。不仅如此，刘婉玲还在工作中学到不少新东西：各种文件的格式、每个部门的报告形式等，这些都是她之前不曾了解的，而现在已经熟烂于心了。当刘婉玲快乐地在公司里敲打着键盘的时候，她并没有想到，未来的某一天，她会被提升为公司高层主管。

如果你也有刘婉玲那样对工作不耐烦的情绪，请暂停前进的脚步，停下来想想，为什么不能快乐地工作呢？工作是我们不能逃避的责任，不管自己是否开心，都要把工作做完，既然如此，何不快快乐乐地把工作做完呢？

企业员工想要快乐的工作，把快乐的情绪带到企业里，并不是一件难事，只要做到以下几点，快乐就能时刻伴随我们的职场生涯：

首先，员工要面对现实，要清楚地明白个人的生存和生活离不开工作，因为工作可以给我们的生活增色加彩。员工要把工作当成一生的旅程，绝不可以产生抛弃工作、厌烦工作的心理。

其次，当上司提出建议、警告甚至批评的时候，不要把它视为一种打击或否定，而是要把领导的批评、建议当成一次有益的帮助。这样就会及时地发现自己的不足，及时地改正，弥补缺陷。这样就能够很快地进入工作状态，为企业兴旺贡献有价值的力量。

再次，员工要学会在工作中寻找乐趣，让乐趣充实自己的工作，让乐趣促成每一天的小成功。可千万不要小看这个小成功，它可以累积促就大信心，引导我们更加快乐的工作。

最后，员工要准确地找到一个能够发挥潜力、激励自己的工作方法。在重复枯燥的工作中找到自己喜欢并且擅长的事，然后把热情与工作结合起来，就一定能够把工作完成得很出色。

也许快乐的情绪并不一定能够带来成功，但是当企业的员工能愉快地做好一项工作、完成一个任务的时候，能够从做事的过程中获得快乐和享受，即便会感到身体上的疲惫，也不会很在意。因为这个时候的我们，已经把大部分的注意力集中在自己喜欢的工作上了。员工快乐工作的时候，会全身心地投入，持有高度的热情和专注，会毫无杂念地做好眼前的工作，自然能把工作干得更加出色。

宝钢股份公司运输部是一个特别的部门，它承担着宝钢的原材料输入、产成品出厂等相关运输组织和生产作业任务。如果无法了解运输在宝钢集团的重要性，那不妨来看一组数据：在上海铁路运输中，宝钢的运输量约占了四分之一；上海的码头年装卸量为5.9亿吨，宝钢运输部码头的年吞吐量就达到了1

亿吨。

对于宝钢股份公司运输部的负责人来说，要管理这样一个“物流——车(船)流——信息流”于一体的运输物流部门并不容易，靠个人拍脑袋要出乱子，靠个人勤勉也是杯水车薪。

那么，究竟用什么方法能够管理好这项工作呢？宝山钢铁股份有限公司总经理助理兼运输部部长吉同祥说：“管理好宝钢的运输，需要依靠全体员工的努力，需要员工有思想，有兴趣，有责任地做好这份工作。”

吉同祥把队伍建设作为推动企业发展的重点工作。在吉同祥推动下，企业着力提升现场力。所谓现场力是指现场员工队伍的整体实力，包含员工队伍的工作意愿与工作能力。为了改变运输部员工队伍不合理现状，加快人才培养，吉同祥还力主推出《后备人才队伍管理办法》。他每年都要召开一次运输部人才工作会议，选拔和确定在管理、技术、操作方面的优秀人才进入后备人才库。他还每年举办年轻工程技术人员和后备人才座谈会，倾听他们对企业发展的建议和自身发展的需求。通过交项目、压担子、挑大梁，一批批后备人才在运输部成长起来，为运输部实现跨越式发展提供了有力的支撑！

吉同祥倡导快乐工作。他首先让职工树立正确的快乐观，促使职工形成胜任快乐、心态快乐、身体快乐、成功快乐、知足快乐、学习快乐的观念。围绕快乐工作，吉同祥在运输部唱响了关爱这一主旋律，他认为关爱是职工快乐的基石。他是这么想的，也是带头去做的。有一次，吉同祥出国回来了，在回家的路上，收到一条短信，原来一位中层干部的母亲病故，今天正好入殓，他立马掉转车头去参加追悼会。

类似的故事吉同祥有很多。运输部有近200名职工在嵊泗列岛马迹山工作，人在他乡，家里自然就难以照顾。吉同祥要求运输部党政工重点关心在马迹山工作的职工家庭。那年一位员工的老婆生重病，正当一筹莫展的时候，吉同祥亲自联系好医院和医生，一直忙碌到深夜。

在运输部，中层干部、作业长都被要求学会“三看”，那就是“看脸色、看胃口、看干劲。”要通过这“三看”，了解职工的身体状况、心理状况，从而适时对他们的工作作出调整。信念、激情、能力，这是吉同祥力主的企业核心价值。当我们以此来衡量吉同祥时，可以发现，他真的是信念执著、激情燃烧、倾力而为。

快乐地做事和出色的业绩是联系在一起的。故事里宝钢运输部的员工们在吉同祥的带领下，逐步培养快乐工作的状态，在任何时候都会乐在企业，干好工作。因为宝钢从做基础、最关键的地方保障了员工快乐工作的力量，有了企业对自己、对家人的关爱，他们又怎会抱怨工作呢？

作为员工在快乐中工作，在企业中快乐生活，就需要用积极的心态面对工作，用感恩的心对待企业，用奉献的精神发展企业。这样员工就会努力并快乐地干好工作，实现自己的梦想。我们每个人都是世间的过客，人生短暂如曦，不管是快乐还是烦闷地做事，时间都不会有丝毫改变。既然如此，我们为何不带着愉悦的心情去工作，让自己在快乐中实现梦想呢？

3

管理情绪：把工作变成最快乐的事

快乐的人更容易得到幸运之神的眷顾。著名武侠小说作家古龙也说过：“爱笑的女孩，运气都不会太差。”可见情绪这个东西给人们带来的好处还真不少。在职场中也是如此，不管是男生还是女生，倘若能很好地管理好情绪，把每天的工作都变成最快乐的事情，工作之途也不会很坎坷。

员工能够快乐地一步一步做好工作，完成使命，企业必然会兴旺。快乐的员工会有条不紊地处理手中的工作，外界的纷扰只会影响他们的情绪，但绝不会左右他们的情绪。因为他们懂得如何管理情绪，如何在快乐的情绪下完成工作。

在工作中，有些员工总是能够处理好烦恼，始终保持快乐愉悦的情绪工作，而有些员工，则不懂得管理情绪的重要性，很容易被琐事左右情绪，把不好的情绪带到工作中。这样两种截然不同的状态，会带来天差地别的结果。能够管理好情绪的员工，会把工作变成快乐的事情，并且享受工作的过程，相反，不会管理情绪的员工则会把工作当成一种负担，在消沉和落寞中低效率地完成工作。

如果无法理解管理情绪对工作有多重要，那不妨来看两则小故事：

有一个人，年轻的时候，只要一生气，他就往外面跑。周围的人看了都觉得很奇怪，生气就生气，跑什么呢？后来就问他为什么。他说："年轻的时候，我一边跑一边想，我没钱又没势力，哪有资格跟别人斗气。"随着时间的流逝，这个人渐渐地老了。虽然年轻不在，但是他变得有钱了，也有势力了。但是他的习惯并没有改变，一遇到不开心的事还是会往外跑。年纪慢慢大了，跑不动的时候，他就走，拄着拐杖，深一脚浅一脚地往外走，边走边想："那些跟我斗气的人，不仅没钱更没势力，我干吗跟他们一般见识？"

这个故事看起来似乎像是一个笑话，但我们可以看出，一个人如果能够管理好自己的情绪，始终用乐观的态度面对问题，其实也就没有什么事情需要斤斤计较了。

还有这样一个故事：

有个人，大约在二十多年前，和几个朋友合伙创业，结果被诈骗团伙设计倒账三百多万元。这笔钱不是小数目，特别是在二十多年前那个年代。他和朋友都很难过，几经努力，也没能把钱追回来。

有一天在临睡之前他跟妻子说这件事，说完自己就躺下睡着了。第二天醒来，他看到妻子一脸的倦容，便关心地问她怎么了。妻子说她昨晚一整夜失眠,几乎没睡觉,而且还特别无奈地问他:“你被骗了那么多钱,怎么还能睡得着?”他说:“被骗钱已经很倒霉了,干嘛还不好好睡觉,放松一下?”

那次的倒账几乎耗尽了他所有的积蓄,再也没有多少钱能拿来创业了。后来他便来到一家公司踏踏实实地工作。有一次,在上班途中,他居然遇到了那个当年骗他钱的人。尽管二十多年过去了,但是他还是能一眼认出来那个人。他并没有愤怒,也没有大声骂他,只是淡淡地问了句:“上次那些钱你花完了吗?”那个人听到他的话,羞愧地无地自容,车一停就下车了。

管理情绪并不是一件很容易的事情,但是故事里的他却做得很成功。对于职场上的员工来说,如果能够很好地控制个人的情绪,用成熟的态度、快乐的心情处理工作,就能够自如地应付任何工作。

周奕辰是一位汽修厂的员工,他在上学的时候就特别喜欢汽车模型,会把所有的零花钱都花在买汽车模型上。后来更是不顾一切地放弃学业,不顾家人的反对去一家汽修厂学习。当进了汽修厂,终于能近距离地接触各种类型的汽车时,他对一切都充满了好奇,觉得在这里待着一定很有意思。

在进入汽修厂不到一个月,周奕辰就觉得这里的生活并没有自己想象中那么好。原来,任何一辆汽车的身体里都有大大小小不下几万个零件,而他首先要学的就是认识并熟悉这些零件,了解它们的功能,并学会把它们按照标准组装起来。为了记住这些零件的名称和功能,他花费了大量的时间和精力,经常累得连走路都觉得疲惫。他突然觉得虽然选择了自己喜欢的事情,但没有以前的兴趣和动力了。

好在这种情绪刚刚发芽,根基并不牢固,经过一段时间的思考,周奕辰恍然醒悟。他觉得自己与其带着消极、烦闷的情绪学习,不如积极地从这种枯燥的学习生活中找到兴趣,快乐地掌握知识,学到本领。有了这个念头,他当下就下定决心,把烦闷的情绪连根拔起,以更加积极、快乐的心态去迎接学习和工作中的每一个挑战。

当周奕辰管理好自己的情绪之后，他便把以往觉得背零件名称的苦差事当成一种乐趣，因为掌握了这些零件，就掌握了整个机械运行的规律。他渐渐地发现一部外形看起来很普通的汽车，其内部却像一个人的五脏六腑。在其正常运转的时候，零件之间都会产生连动关系，缺一不可。尽管以前他觉得汽修厂里的生活是枯燥乏味的，而现在因为工作的关系，结交了很多经验丰富的汽修能手，周奕辰也从他们身上学到很多有关汽修的知识和经验。

周奕辰很快就学成出师，工作不到两年，他不仅熟练地掌握了汽修技能，而且还当选为班组长。究其原因，就是周奕辰能够出色地管理好情绪，不会把烦恼带到汽修厂里，总是快乐地做好每一件事。

在工作中适当地管理好自己的情绪，快乐地工作，是一件非常幸福的事情。不管所从事的职业是什么，都要培养快乐的心态，让自己成为一个性格开朗豁达、快乐工作的员工。这样不仅能够把工作变成快乐的事情，享受工作的过程，还会促进企业的兴旺发展，让自己的人生充满喜悦。

要知道，员工是否快乐地对待工作，直接左右着员工是主动，还是被动地工作，这种差别将直接影响工作效率。如果在工作的过程中，我们不能够调整好自己的情绪，就会感到乏味，也不会全身心、专注地投入到工作中去。相反，如果我们能够调整好自己的情绪，快乐的工作，就会充满热情、积极主动地做好工作。

作为员工管理好自己的情绪，把工作变成快乐的事，在快乐中工作，以积极的心态去面对平凡的工作，用感恩的心对待周围的环境，用心体味人生，在简单和快乐中自然会创造出辉煌的成就，自身的目标和企业的兴旺自然也会实现。只有快乐工作，才能享受职场成功的幸福，而职场上的卓越成绩正是快乐工作的结果。

4

发现工作乐趣，企业就是“天堂”

如果员工能够在繁忙的工作中发现工作的乐趣，就会觉得企业犹如天堂般美好，而工作是天赋使命，人生充满幸福。虽然工作的过程非常艰辛，需要付出很多时间和代价，但是工作不仅能够给人们带来物质上的保障，还能让人们在工作中，增加自身知识和阅历，享受到工作带来的乐趣。

当每一个员工都满怀热情去工作的时候，就会以主人翁的心态把企业的事情当成自己的事。这样，员工不仅工作效率会提高、工作业绩会提升，而且职业成就感也会增强。如此一来，良好的工作情绪就会传染给周围的人，最终，工作氛围就会随之变得轻松美好。

有一个人死后发现自己来到一个非常美丽而且又可以无偿享受生活的地方，以为这就是传说中天堂。当他踏上这片乐土的时候，有一个看似侍者模样的人走过来问他：“先生，你有什么需要吗？在这里您可以拥有一切您想要的。所有的美味佳肴，所有的娱乐活动以及各式各样的消遣方式。当然，这其中也不乏年轻貌美的女子，这些你都可以免费尽情享用。”

那人听了，先是感到惊奇，然后又想这么好的事，真是天上掉馅饼了。他暗自窃喜：这些不正是我在人世间的梦想吗？于是他每天开始品尝所有的美食佳肴，整日享尽各种美色。突然有一天他对这种纸醉金迷的生活感到乏味了，于是叫来侍者问道：“我对这里的一切都感到很厌烦了，我需要找点儿其他的事情做，你能帮我找个工作吗？”侍者听罢，坚决地摇了摇头说道：“对不起先生，我们这里可以为您提供任何需求，但是唯一不能提供给你的就是工作。”那个人听后非常沮丧，愤怒地说道：“这里也太荒唐了，那我干脆留在地狱好了！”侍者温和地笑了笑说：“先生，您以为您在什么地方呢？”

这人一直以为他在天堂，殊不知他一直身在地狱。这个故事就是告诉我们，今日的工作能够为我们奠定快乐的基础，因此我们要珍惜今天的工作。因为只有在工作中，我们才能够生存，才能享受到快乐。

可是在现实生活中，绝大部分的人都不喜欢工作，觉得工作只是一个谋生的手段，会把工作视为一种负担。怀有这种思想的人，对待工作不会热情付出，只会懒散懈怠，根本无法体会到工作的乐趣。只有当他们失去工作了，才会像故事里的先生那样，追悔莫及，才意识到工作给生命带来的非凡意义。

的确，一个人如果能够用知识和技能获得成就并从这个过程中获得满足，那他就能够感受到工作的快乐。曾经有一个男子，他少年的时候因为一场事故，双腿成了残废。很多人在为之惋惜的同时，都以为他这一生必定是艰难和愁苦的，可是出人意料的是，他不仅没有颓废丧失继续生活的斗志，而且还努力过着幸福而宁静的生活。原来，一切的幸福都归功于他用余生写下了一部长达五卷的关于玫瑰花枯萎病的专著。他用毕生的精力研究玫瑰花，并且成功地成为这方面的专家，在所从事的专业性工作中，他的创作需要得到了满足，内心世界也因此充满了阳光和快乐。原来，工作的快乐是每一个人都能够发现的，它并不会专宠某一个人。

有一个药店老板，他总是瞧不起自己的工作。他每天早上起床，就幻想新的机会能够降临到自己身上，这样他就可以摆脱乏味的小店，展开拳脚地大干一场了。

遗憾的是，奇迹并未发生，机会也未曾降临，太阳依旧每天东升西落，月亮依旧轮回圆缺。药店老板的心情日益低落，为摆脱这种糟糕的情绪，他常常一个人去附近的花园散心，对药店的生意也无心过问。有时候，心情不好的他就关掉店门，回家睡觉。日久天长，药店老板的心情不见好转，药店的生意也一天比一天差。

有一天，药店老板突然想通了，他想：“与其期待新机会的到来，将希望寄托在陌生的领域中，为何不振奋精神，在自己熟悉的医药行业大干一场呢？”当药店老板的思绪改变之后，他整个人的状态和精神面貌都焕然一新，犹如脱胎换骨一般。

自此以后，走进药店买药的顾客，都会看到一个热情四射的店主。他热情而亲切地招待顾客，热心地向他们推荐、介绍，一些通过电话订购药品的顾客则体会到了更为令人惊讶的服务。每当电话接通，店主有问明顾客的需要后，一边以手势示意伙计，一边继续找些新鲜话题，将交谈愉快地进行下去。在谈话的过程中，伙计以最快的速度将顾客需要的药品包装好，负责送货的人员迅速接过药品，出门上路。不一会儿，顾客在电话里请店主等一下，她的门铃响了，当她放下电话走到门口，却惊讶地发现，是店里的送货人员拿着药品站在门外。

药店老板，就凭借这样周到而热情的服务，在附近赢得了较好的口碑。没过多久，几条街以外的居民都会舍近求远来到店里买药，甚至城里一些大药店的老板，也会慕名跑到小店来取经。

药店口碑越来越好，名气也越来越大。药店老板陆陆续续地开了很多分店，并且以惊人的速度占领了全美国的医药业零售市场。在当时的美国医药业中，他公司的规模位居全国第二。

这个药店的老板就是查尔斯·瓦格林。他成功的秘诀就是把枯燥的工作任务变成有趣的游戏来做，并且以热情地态度，快乐的情绪去经营它，由此发挥出自己的潜能，使不起眼的工作变成令人瞩目的大事业，实现了大干一场的梦想。

一个人只有把工作视为理想，把工作当成使命来做，才能够发掘出自身的潜能，从枯燥、烦闷的工作中发现乐趣，感受价值。当企业的员工都能够以履行责任使命、享受工作的态度进行工作时，员工个人的工作就会演变成事业进而促进企业的兴旺发展。伯兰特·罗素是二十世纪最有影响力的哲学家、数学家和逻辑学家，针对人们如何才能从工作中获得快乐，他说，一般人认为，只有杰出的科学家才能从自己的工作中感受到愉悦，其实，工作的乐趣是向所有具备特殊才能的人敞开的。

唐志军是特钢事业部锻造厂一名普通工人。对于唐志军，厂里的同事都说他工作上严谨可靠，称得上是一位“老”师傅。的确，自从2007年，唐志军被调入锻造厂设管室点检岗位，负责径锻机的检修维护，他毫无怨言、任劳任怨、细心耐心的工作态度就给领导们留下了深刻的印象。在工作上，唐志军不仅有耐心、负责任，而且他还充分利用业余时间搞技术创新，在枯燥的工作中发现乐趣。

前几年唐志军所在作业区的径锻机组轨床润滑油的消耗量始终居高不下。为解决这一问题，厂里想了不少办法，均不奏效。后来唐志军便主动请缨带领攻关小组，对轨床回油系统进行技术攻关。经过近一年的努力，改造后的轨床回油系统润滑油耗量从原先每月17桶下降为2桶，全年累计节约资金达35万元。此外仅去年一年，唐志军就提出合理化建议27条，获得授权的技术专利3项，企业技术秘密1项，自主管理项目为企业创效76.28万元。不仅如此，年轻的唐志军还总结分析自己积累的发现、解决现场设备故障、隐患的经验，写成了《操作机行走抖动故障排查》、《操作机轴向补偿检查方法》等事故案例，与班组成员及相关同事、新进青年员工一起分享。

唐志军通过自己的努力，不仅在工作中找到了乐趣，而且还成功地为企业的兴旺发展贡献了力量。这种乐趣不仅促进唐志军本人事业上的成功，而且还帮助了企业里的其他员工。因此，身为企业里的员工，不能排斥工作，也不可急于求成，而是应该保持良好的工作状态，热情地工作，进而发挥自己的才能，获取成功，让快乐永远伴随，使企业成为“天堂”。

当今时代，工作占据了一个人大部分的生活，可以说，人的一生有三分之一的时间都在工作。如果不能发现工作中的乐趣，就会发觉每天在企业里所待的时间不是在工作，而是在煎熬。倘若能发现工作中的乐趣，就会把企业当成天堂，开心地度过每一天，甚至还会把工作当成一段旅行。在工作的过程中，内心会蕴藏热情、活力和巨大的创造力，会倾尽全力地前行，全力以赴地奔向终点。以这种状态来工作，身体里潜藏的能力就会迸发出来，顺利地完成工作。当卓越的业绩展现在我们面前的时候，就能够从中发现自己的价值，而快乐此时就会在心底生根发芽，新的机会便接二连三地出现。

5 积极沟通，打造快乐的企业工作氛围

快乐的工作氛围是促进企业兴旺的重要因素。企业兴旺需要员工乐于工作，员工快乐工作的前提就是要与员工之间，与企业之间进行积极沟通，以便于打造快乐的企业工作氛围。如此一来，企业里的员工们就会积极交流，互相沟通，这样愉快的工作氛围是员工提高工作效率的关键。

不妨试想一下，如果企业的员工，每天都处在一个毫无生气、气氛沉闷压抑的工作环境之中，那又怎么会无私奉献地工作呢？企业工作氛围快乐，对员工提高工作效率有很大的促进作用，所以做好积极沟通，努力营造一个快乐的工作氛围，对企业的发展有重要的作用。

积极沟通不管是对企业还是对员工个人都有着重要的意义。因为不管什么问题都可以通过沟通来解决或改善。所以，企业要兴旺，就要打造一个快乐的工作氛围，就要把培养员工的沟通意识和提高员工沟通技能上升到企业发展战略上来。

现在我们不妨来看下企业通过沟通，除了能打造快乐的工作氛围以外还能获得哪些效果：

首先，通过沟通，企业或者员工个人可以从他人那里得到更多的信息，由此，可以了解不同角度、不同层次的想法和建议。这些都能为员工处理工作，为企业领导决策，提供更多的参考和依据。有时候，甚至员工一个小小的建议，都能够给企业带来意想不到的效益。

其次，企业里员工与员工或员工与领导之间相互沟通，可以及时地发现和解决公司内部的问题，进而改进和提升企业的绩效。通过积极有效地沟通，员工可以发现自身的不足、存在的问题，找到解决问题、提升自我的方法。

最后，员工之间积极沟通，打造快乐的工作氛围，能够有效地提升员工之间的协作能力，还可以改进企业各部门之间的合作关系。通过沟通，可以促进员工之间相互了解，有了了解的基础，员工才能相互配合、共同进步，促进企业兴旺。

积极沟通能够打造一个快乐的工作氛围，而快乐的工作氛围则是有信任、宽容和关爱的环境。良好的工作氛围，会激发一个人对工作的热情、对职场生活的美好追求、对企业兴旺的无私奉献。即便在工作压力很大的情况下，有了良好的工作氛围，员工也会把企业当成自己的“家”。相反，那些不顺心的环境会给员工带来压抑和束缚感，在这样糟糕的情绪和环境下，员工的工作积极性和动力一定不足。

从2004年11月杨为伟担任浙江省临安市总工会主席，七年来他栉风沐雨，始终坚持职工为本、实干为基、创新为魂的工作理念，以忠党为国的心态，善思善谋、善作善为，积极为群众营造一个良好的工作氛围。

杨为伟认为，他虽是一名工会主席，但同时也是企业里的一名员工，所以他有责任也有义务积极沟通，打造快乐的工作氛围。从点滴中做起，让员工相信企业，相信工会能给予他们“家”的温暖，能够给员工塑造一个良好的工作氛围。

当杨为伟从一名优秀的员工上升为工会主席的时候，他就决心把沟通意识薄弱与斗志涣散的企业塑造成凝聚力强、工作氛围轻松快乐的企业。自此以后，杨为伟开始了思索，他思的是创新组建形式，谋的是整合社会力量，怎样把工会组建起来，怎样把职工吸引到工会中来，怎样增强基层工会活力、发挥基层工会作用。

经过几年的艰苦努力，临安的工会组建率达和职工入会率双双达到98%以上，所有的乡镇（街道）工会都建立了总工会，走在了浙江的前列。杨为伟本人也因此获得了“浙江省组建工作先进个人”的荣誉称号。一个职工感慨地说：“我在老家是一个农民，在临安我是一个工人。自从加入了工会，我是一个工人的感觉特别真切！”

2008年，临安彩炬照明公司发生了一起大规模的职工群体性事件。这家企业职工平均月工资在3000元左右，为什么会发生群体性事件？原因是企业受国际金融危机的影响，订单下降，效益下降，企业公告工资下调10%，由此引发了群体性事件。这件事对杨为伟触动很大，他认为，事件之所以发生，究其根本主要是企业与职工缺少沟通与协商。

经过深思熟虑，在市委市政府的支持下，他下决心要在企业建立工资集体协商制度，开展工资集体工作，切实维护职工的核心利益。在高虹镇节能灯行业试点成功的基础上向全市所有企业推广，目前已在全市所有企业推开。

正是因为工资集体协商工作的开展，自2008年以来，临安没有发生过一起职工群体性事件。央视《焦点访谈》专门做了报道，这项工作被称为工会推进社会管理创新的经典案例。

杨为伟是一个理性的人，同时又是一个感性的人。理性与感性共融，理性与感性互补，使他总是与众不同。在工作中，他始终从大处着眼，从小处着手做工作，表现了一个共产党员的良好政治品行。他始终把握住工会工作的定位，“知全局而谋一域”，特别是近年来，他始终坚持以发展和谐劳动关系为主线，切实维护职工的合法权益，从而在推动科学发展、促进社会和谐的伟大实践中发挥了应有的作用，七年来临安市总工会每年都被评为“群众满意单位”，杨为伟本人也先后获得“临安市优秀共产党员”、“杭州市维护稳定工作先进个人”、“浙江省优秀工会工作者”、“全国工会帮扶工作先进个人”等荣誉称号。

尽管获得如此高的荣耀，但是他始终谦虚前行，始终立足当前，着眼长远，不满足于眼前的成绩，不拘泥于当前的发展，在建立工会工作长效机制上下功夫，在实现工会工作可持续发展上做文章。

近年来，在他领导下临安工会创立的双管齐下抓维权、三措并举抓组建、四位一体强帮扶、多方协作化纠纷等工作机制，他所倡导建设“五型工会”和机关干部“一线工作法”，有效改变了工会工作“机关化”现象，真正使机关干部的工作联系点、指导服务点和劳动关系预警点“三点合一”，不仅对当前，同时也对临安工会长远的发展奠定了扎实的制度基础。

遥想当年，清王朝正是因为没有认识到沟通的重要性，才实行闭关锁国的政策，将自己与外界隔绝开来，才导致衰败和落后。这样的政策对近代中国社会的发展起了严重的阻碍作用。回顾触目惊心的历史，世人还会轻视沟通的重要性吗？随着全球经济一体化不断加强，任何国家、任何企业的发展都不是个体的成果。国家的盛强需要沟通，企业的兴旺需要沟通，而员工的进步亦需要沟通。

当代企业的高绩效主要源于员工的自发进取，而这些自动、自发又与积极的工作氛围密切相关。如果企业想把员工培养成为企业兴旺贡献力量的人才，必须让员工有表现才能、释放潜能的过程，需要一定环境条件的刺激。而这个过程，就是员工和企业齐心协力、积极沟通，打造快乐的工作氛围的过程。唯有这样，员工才会有好的心情、高涨的情绪为企业的发展倾尽全力。

6

扬长避短，做一名快乐的企业奋斗者

老子曾说过“知人者智，自知者明。”但是，在现实生活中人们认识自己并不是一件简单的事情，每个人的自我意识都是一个发展和完善的过程。这种自知延伸到企业的发展和员工的进步，更是在清楚地认识自己优势的基础上方能做到的。

作为在职场浪潮中骁勇前行的员工，想要扬长避短，做一名快乐的企业奋斗者，就要在主客观方面都正确地认识自己。作为员工个人，应该根据所从事的工作，准确地分析自身的优势和缺点，然后发扬自己的长处，改进自己的短处，以便于轻松而高质量地完成工作。只有立足于企业兴旺发展的角度，分析如何发挥自己的长处才能促进企业的兴旺，做一名企业里快乐的奋斗者，才不会因为不了解自己，无法扬长避短而在企业工作岗位上迷失。

当企业的员工能够把自己最熟悉、最擅长的技能利用在工作上时，就有可能轻松获取成功。因此，当员工身在职场，想要为企业的兴旺发展贡献一份力，想在企业里一展宏图的时候，就要选择一份能够发挥自身特长的工作。当员工在工作过程中，尽力避开自己的短处，充分发挥自己的长处，成为一名快乐的企业奋斗者，成功便指日可待。

20世纪70年代初，当时就任国家总理的李光耀收到了一份来自新加坡旅游局的报告。此份报告的内容是：新加坡的旅游资源极其匮乏，与中国的长城、日本的富士山比起来，除了一年到头直射的阳光之外，几乎什么都没有。

据说，李光耀看到这份报告以后，非常生气。他说：“你们想让上天给我们多少东西？有阳光就够了！”

后来新加坡果真把充足的阳光作为资源,化不利为有利,大量栽花养草、美化环境,经过多年的努力,终于如愿以偿地成为誉满全球的花园城市,成为东南亚旅游的首选之地。

现在,这个仅有600多平方公里的袖珍国家,旅游收入多次名列亚洲前三名,甚至超过了许多旅游资源丰富、名胜古迹众多的国家。

宇宙万物都是矛盾的统一体,有了长处,自然就有短处。同样,员工的进步、企业的兴旺与治国和发展经济的道理一样。身为企业里的员工也是如此,每个人都有自己的优点和缺点,发现自己的优点,把优点变成优势,就会从众生中脱颖而出,成为企业兴旺发展的推动者。因此,在前进的道路上,员工要学会扬长避短,尽最大的努力发挥自身优势,积极快乐地为企业的兴旺奋斗。

十五年前昆玉溪从美国留学回国,他便开始找工作。由于当时昆玉溪所在的城市,经济的发展速度较慢,很长一段时间,他都没有找到合适的工作。后来,邻省的一家公司为他提供了一份软件测试的工作。

这个工作并不是昆玉溪喜欢的,他在学校里也并未学过软件测试课程,当时很多人都觉得这份工作不怎么样,认为昆玉溪去那家公司完全是大材小用了。但是,昆玉溪还是选择了那家公司,因为他知道,这个工作是很有发展前景的。

后来,他跳槽到离家比较近的一家公司,还是继续做软件测试。尽管他在之前那家公司工作时间并不长,但是已足以让他掌握基本的软件测试技术。于是昆玉溪在这家不到一百人的新公司里继续做着软件测试的工作。

随着时间的推移,昆玉溪开始喜欢这份工作。在工作中,他总是以热情、愉悦的心态处理问题,工作技能也在快乐中逐步提高。不久以后,他就因为软件测试比较专业接到了一家在开发软件领域颇具盛名的公司抛来的橄榄枝。昆玉溪思虑再三,决定辞掉现在的工作,到这家颇具盛名的公司体验一番。来到这家公司，他从测试经理做起，随着公司地不断发展壮大，他先升职为高级经理，然后是测试总监。

后来这家公司成功上市，并且收购了几个小公司。这个时候昆玉溪觉得自己再这样待下去，也不会有很大的进步，而且随着职位越来越高，自己越来越没有成就感，每天工作都倍感压力巨大，以前那种克服困难的成就感和愉悦的心情也不复存在了。

于是他决定再次辞职，自己去创一番事业，筹备属于自己的公司。当他详细地分析了市场之后，还是决定开一家软件测试公司。原因就是，对这个领域比较熟悉。他已经在软件测试领域摸爬滚打干了很多年，累积了丰富的经验。很快他的软件测试公司拿到了风险投资。他充分地看到了自己的优势，避开了自己的短处，看准了软件市场的发展前景。而且成立自己的公司和以往在别人的公司工作状况完全不同，他的斗志和激情又再次燃烧起来了。迄今为止，昆玉溪的软件公司经营发展一直很平稳，在业界也赢得了较好的口碑。

昆玉溪的成功很简单，就是适当地养成快乐工作的习惯，在选择创业发展的时候，理性地扬长避短，做自己比较擅长的事情，将长处不断地扩大，进而轻松收获成功。

如果说自知胜在乐业，那么员工的成功则在于能够清楚地认识自己，懂得在工作中扬长避短。无论是一个企业，还是一名员工，只要能在前进的旅途中，充分地发挥自己的优势，尽全力做一名快乐的企业奋斗者，就必然能够成功。

清朝初期，有一位非常有名的思想家王夫之说过："鸢飞鱼跃，各使其能，以使其技。"职场中的员工也是如此。优秀的员工就像天上的飞鸟、水中的游鱼，只要能找到自己的位置，定然能够发挥自己的专长。所以，在职场的奋斗征途中，员工要懂得扬长避短在职场中做一名快乐的企业奋斗者，把自己的特长自然而然地发挥出来，进而谱写出华美的乐章。

第五章

团队制胜：团队至上型员工是企业飞速发展的"加速器"

团队至上是一种精神，也是一种信念，是企业得以高速发展的加速器，也是现代企业不可或缺的灵魂支柱。良好的企业文化来自员工高度的团队精神，员工能够尽职尽心，坚持创新，在成长的路上互相分享经验与成绩，让团队的发展不断前进。没有团队精神的员工就没有良好的工作心态，也没有一定的自我牺牲精神，更不可能组建一支坚实的团队，没有团队精神的员工只能是企业发展的绊脚石。

1

从不抱怨的员工让企业更加兴旺团结

成功者从不抱怨,抱怨者永不成功。这是职场上的一条法则。卡耐基的人际关系沟通原则中就有一条叫做:不批评、不责备、不抱怨。许多成功人士也强调过:喜欢抱怨的人没有胸怀,难担大任,没有人会因为喋喋不休的抱怨而获得奖励和提升。优秀的员工不会停留在无休止的抱怨上面,而是会将抱怨的心情转化为积极进取的力量,让团队合作更加顺畅,让企业更加兴旺团结。

一个人在职场上发展,除了需要有过硬的专业能力之外,更重要的是具备良好的个人修养。但凡那些在工作中有所成就的人,都是一些从不抱怨公司、抱怨困境,认真干好自己工作,通过不断努力来证明自己价值的员工。面对工作的不愉快,动不动就大发牢骚,没完没了各种抱怨的员工不仅不会得到领导的欢迎,甚至会因此失去更多的发展机会。

陈杰在理工科大学毕业后,顺利地进入一家工厂工作。刚开始他在车间做技术指导员,因为工作很用心,而且肯吃苦,厂长很看好这个年轻人。不到半年的时间,陈杰就从技术指导员升任科长,从更大的方面发挥自己的才能,为工厂的发展贡献力量。

陈杰虽然工作能力特别强,但是他总是管不住自己的嘴,经常习惯性地抱怨这抱怨那,要么嫌工人的素质太低,不能理解他的培训课程,要么觉得厂长给他的权力不够,不能让他更自由地发挥。对于他的这些抱怨厂长也都听到耳朵里，但总觉得他是一个有能力的年轻人，况且人无完人，所以一直都给他机会，希望他可以意识到自己的问题，然后改掉爱发牢骚的毛病。

可是，自从厂长升任他做厂长助理之后，他不仅没有改正自己身上的缺点，反而抱怨的范围更加广泛，内容也从车间的工人上升到厂里的各级领导。厂长对他的这一番行为甚是失望，先是把他从厂长助理的职位调回科长，后来干脆让他回到车间继续做技术指导员。这一番从天上落入地上的落差让陈杰的牢骚话变本加厉，工作中消极懈怠不说，有的时候还会放任消极的工人拖慢生产进度，给工厂的正常运作造成影响。

厂长很可惜本来一个很有发展空间的年轻人因此沉沦下去，于是就找了一个机会和他谈话。谁知陈杰非但没有领会厂长的意图，还说是厂长卸磨杀驴、过河拆桥，一气之下向厂长提出了辞职申请。现在的陈杰，每天除了奔波在各大人才市场，就是茫然地看着街上匆匆的行人，不知道自己的未来在何方。

在工作中抱怨辛苦、抱怨劳累的人总是想不清楚，抱怨不但不能解决任何的实际问题，还会让原本充满热情的自己逐渐懈怠下去，失去最开始的目标和动力，而且还会带来严重的后果。比如说，总是觉得薪水微薄、抱怨付出和收获不成正比的员工，慢慢地就会觉得工作只要对得起工资就可以了，平常总是敷衍了事，面对困难也是能躲就躲，绝对不把问题揽在自己身上。与此同时，还在时刻准备着跳槽，到一家薪水更高、更能够发挥所长的公司发展自己。实际上，这样的结果不仅不会让自己得到更快的发展，达到更高的职业水平，反而是同样的抱怨在不同的地方重复着，直到职业道路越走越窄，陷入进退两难的境地。

不要总是抱怨没有发挥才华的机会，机会永远是给那些有所准备的人。在机会还未出现的时候，努力积攒能力，认真分析自己的优势，将早已习惯的抱怨变成对工作的总结和思考，将对他人职位和薪水的艳羡变成努力工作的动力，那么，当机会来临的时候，才会发挥出一个最好的自己，成为行业内的精英。

曾经有一位工商管理专业的研究生，毕业后相继在几家公司跳槽，做过几个大大小小的职位。可是他总是无法停止对工作各个方面的挑剔，过不了几个月都会被公司辞退。

刚毕业的时候，因为他念的是名牌大学，且是研究生毕业，很多公司都争相聘请他，开出的条件也都很丰厚诱人。在众多的选择中，他挑了一家刚刚起步的证券公司。他觉得还未成型的企业有更多的发展空间，也有很多机会可以发挥自己的能力。报到之后，公司特意给他在公司附近安排了宿舍，方便他上下班。可是，他没住几天就从宿舍搬出去了，他说："那么小的房间，基本设施还不齐全，要配宿舍也要有点儿档次呀。"

到公司工作一个月后，他又因为公司人员配备不齐全，制度执行不明确向老总提了好几次建议。老总说："在公司的发展中，人员会慢慢分工明确，公司的制度也会逐渐建立起来。不过，这还是要靠像你这样的精英人才来完成前期的市场工作。"

这位研究生信誓旦旦地在老总面前保证，三个月内一定会找到公司的大客户，给公司提供更大的经济支持。然而，在未来的三个月中，他并没有停止针对公司状况的抱怨，无论是下属员工出错，还是客户的问题没有得到合理解决，他都要跑到老总那里抱怨一通。由于他对他人求全责备，过于高傲，根本不把领导和同事放在眼里，同事们也都不愿和他共事，很多业务上的问题也只有他一个人来解决。这样一来，不仅影响了公司整体的工作气氛，业务上进展也非常缓慢。三个月后，老总以他没有顺利完成业务考核的名义，将他辞退。

从这家公司离开，这位研究生一直认为他比较倒霉，碰上了很难搞定的客户，才导致业务上没有成绩。不久，他又到了另外一家公司工作，由于吸取了上次的教训，他在客户上用了很大的心思，也花了很多时间来研究公司产品和客户需求。可他仍然没有改掉喜欢发牢骚的习惯，要么抱怨公司的办公环境太差，要么觉得公司发展前景有限，没有办法让他施展才能。抱着这样的工作心态,他的工作成绩也没有达到令人满意的程度,最后,他再次被公司辞退了。

唐骏曾经说过:“遇到挫折要从容面对,不抱怨,不放弃,只要继续努力,就一定会成功。”如果仔细研究那些在职场上有所成绩的人,就会发现这些人有一个共同的特点,就是他们的办法永远比困难多,他们坚信抱怨不如行动。在困难的环境中,他们可以接受一次又一次的挑战,迎接最后胜利的光顾。

索尼是一家著名的日本企业,它的成功不仅在于生产出世界一流的电子产品,更在于公司创始人盛田昭夫对员工独特的培训方式。在索尼的员工中,有很大一部分是来自东京帝国大学的高材生。他们在索尼获得了自己追求的社会价值,同时也给索尼创造了无可限量的市场价值。

有一年,索尼新聘请了一位东京帝国大学的高材生。这位高材生在加入公司后不久,就被总裁下放到索尼的生产车间,给一名普通的配件工人当助手。总裁的这一举动惊动了公司上下。很多员工都认为他一定是什么地方得罪了总裁,被迫降职到生产车间工作的。当时有很多同事为这位年轻人鸣不平,觉得他的能力和才华远远胜过车间的工作,甚至还有的同事干脆劝他辞职,到另外一家公司谋一个更好的职位。面对这些,这位年轻人只是微微一笑,沉默不语。

年轻人在车间当了一年多的助理,既没有抱怨工作环境差,也没有发牢骚要调职或者跳槽。经过长时间的亲身实践他对公司产品的各个生产流程,材料、配件等了然于心。后来在公司年终大会上,总裁宣布将这位年轻人提拔为专业产品经理。此刻,原本百思不得其解的员工心里也都有了答案。原来,这是总裁给年轻人的一次考验。盛田昭夫说:“如果他能够在艰苦的环境下,踏踏实实地工作,不嫌工作的卑微,也不抱怨自己的才能被浪费,那么他就是一个值得提拔的员工。”

当我们开始抱怨工作,抱怨生活的时候,其实也就是开始完全以自我为中心思考问题的时候。当完全站在自己的立场看待问题时，就会觉得工作中处处都是不公平，处处都在吃亏，结果只能陷入不停抱怨的恶性循环中。其实，当我们能够做到不抱怨的时候，就可以更清楚地看清自己所在的位置，看清楚自己的能力，能够更清晰地分析出来解决问题的方法所在。

抱怨就像流行感冒一样，是会传染的。当我们不停地去抱怨的时候，就会带动周围的人也抱怨，从而形成抱怨连天的氛围圈，将抱怨的病毒在同事之间传播，这样的团队势必缺乏士气和战斗力，只会在企业发展进程中拖后腿。一个没有抱怨的团队会更加团结，战斗力也会更强，遇到问题会马上想办法解决，不会任由事态变得越来越严重。没有抱怨的团队会给予伙伴更多的关爱和理解，化解彼此之间的矛盾，从而鼓舞团队的战斗气势，增强团队执行的能力。

2

团队合作是企业兴旺的保证

在这个高速发展的知识经济时代，各种新知识、新技术不断推陈出新，知识变得越来越多样化，企业之间的竞争越来越激烈，个体之间的竞争也同样面临严峻的局面。在工作和学习都面临更加复杂的环境时，解决问题已经不能单单靠某一个个体的力量，而是应该组成相应的团体，应用团队合作的方式处理各种错综复杂的问题，以保证企业的兴旺发展。

俗话说："一个和尚挑水喝，两个和尚抬水喝，三个和尚没水喝。"

俗话又说："一只蚂蚁来搬米，搬来搬去搬不起，两只蚂蚁来搬米，身体晃来又晃去，三只蚂蚁来搬米，轻轻抬着进洞里。"从这两段俗语中我们可以看到，成员之间的互相合作对于一个团队来说是多么重要。三个和尚本来是一个合作的团队，可是因为不能将力量凝结在一起，所以他们在单独行动的时候有水喝，团队行动的时候却没有水喝。蚂蚁的例子则恰恰相反，一只蚂蚁的力量非常渺小，一粒米对它来说就像搬一座山。可是当很多只蚂蚁在一起团结合作，可以产生无限的力量，搬运大米更是再简单不过的事情了。

有一家著名的外企举办了新一轮的校园招聘，由于这家公司的企业效益非常好，发展平台也很宽广，所以很多高校的学生都去参加了该公司的应聘。在众多的本科生、研究生中，能够通过笔试、面试的都是其中的佼佼者。经过一轮又一轮地淘汰，最后只剩下六个人参加最后一轮的实践科目考试。如果能在最后一轮的考验中顺利过关，那么这六位大学生就可以直接加入公司，成为众多人仰望的幸运儿。

人力总监知道，能够在众多人中顺利胜出的这六位，肯定都是学识渊博的，无论是理论知识，还是个人才华都是难不倒他们的。于是人力总监想出了一个特别的考试方式。考试那天，人力总监把六位应聘者集合起来，给了他们50块钱，让他们到街上去吃饭，要求是每个人都要吃到饭，不能有人饿着肚子回来。

六个人将钱分成了两份，每组25块，于是两组人分别拿着钱从公司出来，各自到大街上寻找可以吃饭的餐厅。连续问了几家之后，只有一家饭馆的价钱他们还可以负担，但也要每个人10块钱。按照他们的预算就会有一个人吃不到饭，所以根本没有办法保证每个人都吃到饭。

最后，六个人垂头丧气地回到公司，跟人力总监汇报了情况，人力总监无奈地摇头说：“看来，你们虽然个个都很有学问，却并不适合在这里工作。”

六个人齐声问：“为什么？”

人力总监解释道：“其实你们去的那家餐厅我也知道，而且我还知道，如果有五个以上的客人去吃饭，餐厅会加送一份免费的套餐，而你们是六个人，完全符合条件，可以保证每个人都吃到饭。遗憾的是，你们将一个团队分成了两个部分，各自行动，根本不考虑他人的利益。公司需要具有独立思考的员工，但更需要具有团队合作精神的人，如果连基本的团队合作都做不到的话，又能为公司创造多少价值呢？”

六位应聘者听了人力总监的一席话之后才恍然大悟，但为时已晚，只能在心里暗自懊悔了。

团队是由不同的个体成员组成的，由于每个人的需求、价值观不同，肯定会出现很多分歧。为了能够达到高效的团队合作，每一个成员都应该逐渐放弃个人的坚持，一切以团队的合作为基础，以团队的目标为目标，清楚自己在团体内部的位置，尽最大可能地发挥自己的能力，使团体获得最大的协同效益。否则的话，不但团体的目标无法实现，而且个人的利益也会受到影响。

有一个毛驴和骡子的故事讲述的就是这样的道理。

从前，一位老农家里养了一头毛驴和一头骡子。老驴已经在老农家工作了十几年，如今已进入了老年期，干起活来非常吃力。这头骡子则正好是壮年，体力非常好，因此运输货物的工作大多都由它来完成。

有一年夏天，老农打算将家里的一些特产拿到集市上去卖，因此将货物分好，分别放在毛驴和骡子的身上。时值仲夏，酷热难耐，毛驴由于年老体弱，走了几段山路之后就开始气喘吁吁，汗如雨下。骡子因为年纪轻，体力好，在山路上也一样健步如飞，一点儿都不感觉劳累。这时，老农急于赶到集市，就拿着皮鞭不停地抽打着毛驴。

毛驴耐不住劳累和鞭打，就向身边的骡子求助说：“骡子老弟，看在我们共事多年的份儿上，你帮我驮点货物吧。”

骡子冷冷地说：“我凭什么帮你，我驮的货物比你还多呢。”

没有得到骡子的帮助，毛驴只能继续艰难地向前走着，同时忍受着老农不停地皮鞭抽打。终于，在一个爬坡路的时候，毛驴支撑不住,体力透支倒在了路上。

老农没有办法,只好将毛驴身上的货物挪到骡子身上来,继续向集市赶去。

骡子汗流浃背地向前行进着,此时的它无比懊恼,如果当初能够帮助毛驴分担一点儿,现在也不会负担全部的货物,也不用忍受着老农不断挥舞的皮鞭了。

对于一个优秀的团队,员工之间的合作是团队成功的基础。一个优秀的员工总是具有强烈的合作意识,懂得成员之间相互依存,相互支持,利益共享。小溪中的水只能泛起涟漪,而大海中的水却可以掀起巨浪。个人与团队的关系也像是小溪与大海一样。个体的能力终究是有限的,而将每个人的力量都融入到集体中,才会发挥最大限度的力量,实现共同的目标。

团队的精神对于任何一个企业都是必不可少的。如果员工没有合作精神,没有团队意识,那么企业就会变成一盘散沙,既不能达到企业发展的目的,其员工个人的能力也难以最大程度地发挥出来。良好的团队建设可以帮助员工在企业中找到归属感,能激发员工的工作热情,尽职尽责地做好每一天的工作,为企业的兴旺发展贡献力量。

如何建设一个合作意识超强的团队呢?

1.形成一致的价值观。一个团队拥有共同的价值观念会使团队成员能够更紧密地团结在一起,保持稳定持续的工作热情。同时,一致的价值观可以降低团体内部争议,消除内耗,营造一个互帮互助,互相理解、互相激励的工作氛围。

2.增强成员的归属感。团队能够长久维持下去的关键在于能够让成员产生团队归属感,能够让成员在团队中找到自己的位置,清楚自己扮演的角色以及可以创造的价值。在此基础上,团队的成员会按照团队的发展来规划自己的职业生涯,更好地发挥潜能,为团队带来更多的价值。

3.掌握团队沟通的技巧。作为团队的领导人,要注重团体内部的信息交流,加强团队内部沟通,利用不同的形式听取成员的心声。在团队进行决策的时候,每个成员都可以开诚布公地发表自己的看法,让成员参与到项目的决策中来，做到每个人都是团队的主人，每个人都得到平等的对待。

4. 信任团队，相信自己。团队的领导者与成员之间互相信任，团队内部的每一个成员也要互相信任。一个团队只有在充分相信对方的基础上，才能确保整个的工作信心。只有彼此信任，团队工作才会比个体工作更快速、更有效。

3 没有团队精神的员工是企业发展的“绊脚石”

古人云，人心齐，泰山移。在市场经济和国际竞争的背景下，企业的竞争归根结底就是团队的竞争，就是团队合作能力的竞争。企业要想保持持久的生命力，得到更长远的发展，不在于拥有多少个人能力超强的一流员工，而在于员工之间的团队能力有多强大，也就是员工之间的团队精神有多强大。员工之间互相协作的能力才是企业在竞争中制胜的法宝。

在企业里，没有团队精神的员工必然成为企业发展的绊脚石。当一个人没有团队精神时，他所做的一切行动都是出于一己私利的考虑，在团队中做事就无法尽心尽力，更不用说为了大局的发展而贡献自己的力量了。没有团队精神的员工，终究是无法在团队中生存的，因为他的价值观与团队本身是相悖的，总有一天会被团队淘汰掉。

一家网络公司在新一季度的招聘中录用了一位网络管理员，叫做白杨。白杨的个人能力非常强，参加工作半年多，工作表现一直很突出，技术能力也得到了领导层的一致认可。他不仅每天能够按照要求，保质保量地完成网站任务，而且很多难题拿到他面前也百分之百迎刃而解。

到年底公司打算做人事调整时，很多领导都提名升任白杨做项目主管。因此人力资源对他做了一段时间的任职资格考察，结果发现，白杨在完成自己的工作任务之后，很少会主动关心其他同事的事情。如果不是同事开口求他帮忙，他也绝对不会把技巧和方法主动讲解给同事。而且，当利用新的语言开发程序时，往往找到的简便方法都会自己保留，很少和周围的同事交流工作经验。如果项目组临时出现问题，他也会以“已经到了下班时间”为由，拒绝加班解决问题。最后，当人力总监将考察结果报告给总经理的时候，总经理无奈地说：“白杨的行为完全不具备合作精神，很遗憾，他只适合做一个优秀的技术员，而不适合做主管。”

现今社会生产大分工的时代，市场竞争越来越激烈，专业的分工也越来越细致，凭借个人能力单打独斗的年代已经过去。为了适应社会发展的变化，企业内部的员工必须为了企业的共同目标加强合作，发挥每个人的团队精神，形成强大的凝聚力和战斗力，为团队的终极目标而共同努力。

团队精神不仅可以提高整体的绩效水平，更可以在员工之间实现取长补短。毕竟，再优秀的员工都存在某个方面的缺陷，都不是全知全能的人才。通过团队有机调整和分配，可以使团队的业绩超过简单的个体相加之和，实现 1＋1＞2 的综合效能。

某家做市场分析的咨询公司准备招聘一批市场调研员。重重的笔试、面试之后，只有六个人进入最后的终极复试。最后一轮的考题由经理出题，经理将六个人随即分成了三组，分配的任务是到不同的市场调查某品牌产品的销售情况。在行动之前，经理给每个人发了一份相关企业的背景资料，用来帮助应聘者完成一份完整的市场分析报告。

三组人从公司出发后，分别到了指定的市场区域开始进行调查。第一组的两名应聘者进入指定商场之后，开始观察市场的整体情况，然后分别记录自己想要的信息。第二组的两名应聘者进入商场之后，首先观察情况，然后分别到各个地面和销售人员攀谈，了解最真实的市场情况。第三组的两名应聘者没有那么快出发，而是先研究了一下要调查的内容，具体要求是什么，通过什么样的方式了解，两人详细地研究一番之后才到实地进行考察。他们同样采用了和销售人员进行攀谈，从第一线销售人员口中搜集资料的方式，两个人分工明确，让口才相对突出，反映能力更强的那个人跟销售员了解情况，另一个人则负责资料的整理和记录。

两天后，经理在看过每组的分析报告之后，决定录用第三组的两个人。原因很简单，第一组和第二组的应聘者虽然被编排到一个小组，但是根本没有体现出小组合作的精神，每个人的报告都是各行其是，结果造成看问题的角度很片面，总结也欠准确。而第三组的两名应聘者却很好地发挥了合作的精神，在报告中互相借鉴资料，使得他们的报告更加全面，更有实用价值。

团队精神至关重要的一点就是强调团队成员中的全面配合。唯有每个成员都能够放弃自我坚持的一面，在团队大目标的驱动下，为了一个共同的目标而努力，团队的精诚合作才能够真正得以形成。团队合作的形成需要一个积累沉淀的过程，需要每一名员工都能设身处地地为团队着想，独立的个人逐渐转变为融合团队的一份子，否则，任何一个不具备团队精神的员工都会造成团队损失，甚至导致整体分崩拆离。

很多企业中都存在将个人利益放在团队利益之上的员工。在平日工作中，各自相安无事看似都没有问题，一旦涉及到个人利益，就会有人跳出团队，将个人利益凌驾于团队利益之上。比如说绩效考核的时候，有些部门经理的奖金和业绩都会被公司考核，就会有人在背后说坏话，或者在大会上大吵大闹以表示自己的不满，严重的时候还会煽动整个部门的员工集体对抗人事部门的制度。企业执行新规定的时候，都是出于整体利益的考虑，是为了公司能够更有效地发展，内部的运作能够更高效地运行。这个时候表示不满，表现出各种姿态的人无疑只能成为公司发展的绊脚石，阻碍了公司制度的推行。

有一个贪财势利的员工一次犯了错误，上帝为了给他一个教训，就把带到了一个地方。这个地方阴森恐怖，寒冷可怕，让人觉得毛骨悚然。员工看见生活在那里的人个个都骨瘦如柴，每个人都在痛苦地呻吟着、哀嚎着，声音凄凉而悲惨。这名员工战战兢兢地走上前去发现，呻吟中的每个人手里都拿着一个勺子，原来他们在吃饭。可是，再走近一点儿他才看到，他们手里的勺子都太长，无论他们怎样调整高度，调整角度都无法把食物送到嘴里。无奈之下所有人都不得不眼睁睁地看着眼前的食物，忍饥挨饿，经受肉体的折磨。上帝告诉员工，这就是地狱。

接着，上帝又带着这名员工来到了另外一个地方。这个地方让人感觉温暖而亲切，所有人都安静地待在原地，轻声地私语，和地狱完全是两个世界。员工看到这里的人也都在吃饭，他们手里也都分别拿着一把过长的勺子。可是每个人都身体健壮，红光满面。员工走到近处观察才发现，原来这里的人在互相喂着吃饭，一个人用勺子把饭菜喂给另一个人，另一个人再喂给对方，虽然勺子很长很不方便，但同样达到了人人温饱的结果。上帝又告诉员工，这就是天堂。

员工在经历过天堂和地狱的游历之后，深深地感悟到，天堂和地狱唯一不同的就是他们的心。人人为己的结果只能是所有人一起受苦，而我为人人的结果就是彼此合作，互惠互利。

企业的业绩是每一个员工劳动成果的叠加和积累，企业依赖个体成员的共同努力而得以发展。这就需要每一个员工在全心全意做事，发挥自我能力的同时，还要通过和其他成员的精诚合作，实现企业的共同目标。职场中可以看到那些目空一切的员工，他们因为拥有更高的学历或者更纯熟的业务能力，常常不能够和同事友善地合作，将团队的整体利益置于视线之外，既不能接受同事的劝告，也无视领导的中肯意见。

这种人虽然可以在某些方面独当一面，在一定程度上获得成功，但是如果想实现更宏伟的理想，仅凭他一个人的能力是远远不够的。企业发展的目标是能够做得更大、更强，因此员工必须重视团队的力量，将自己的实力融入到团队中而不要作脱离集体的独行侠，最后变成阻碍企业发展的绊脚石。

4 尽职更尽心，让团队业绩更出色

从尽责到尽心，这是一个从量到质的变化。在职场中，尽责的人能够将工作有质量地完成，而尽责更尽心的人则可以将工作做得尽善尽美，精益求精。就好比说一杯 99℃的水，即使它温度已经很高，但仍然不会沸腾。但只要在 99℃的基础上再加上 1℃，这杯水就会变成一杯沸水。从热水到沸水，这就是一个质的飞跃。工作也是同样的道理，尽职尽责地工作只能算是完成了工作的 99%，如果做不到尽心工作，那么就永远停留在 99%，无法将工作做到 100%的完美。

对工作尽责、尽心的员工是永远不会满足于现状的，他们对于工作的追求是没有最好，只有更好。他们相信任何完美的事情都是没有界限的，都可以做到更好。也正因为这样，他们才可以在职场的路上越走越宽，让团队的业绩更加出色。

李拒刚是云南农垦集团黎明农场的一名普通员工。在农场工作的几十年中，无论做什么样的工作，他都以尽职尽心的态度完成。

在开辟新的业务内容时，他总是一马当先，甘愿做开路先锋。在单位精简员工的时候，他也能够服从组织的安排，把更多的心力放在征服陌生的岗位上。这么多年，总有很多不理解的人问他：“你整天做这么多又苦又累的工作，薪水也没有多给，你到底图个啥呢？”每每遇到这样的追问时，他总是一脸平静地说：“因为这是我的工作，是我的职责所在。”就是这样，李拒刚带着一颗简单而赤诚的心，在一个又一个平凡的岗位上，尽职尽责地努力工作，为了单位发展更顺利、业绩更出色不断地努力着、奋斗着。

李拒刚在进入工作单位之后，先后做过很多工作，比如说工会干事、组织干事、宣传干事等等。后来由于单位精简员工，李拒刚又从文职工作转入糖厂的酒精车间做一名普通的工人。在酒精车间，有很多工业方面的工作对机械设备、电焊、气焊等很多技术操作都有一定的要求，而一直以来都在做文职工作的李拒刚对这些却是一窍不通。为了能够更快地适应新的工作，他做好了从头开始的心理准备。面对百分之百陌生的技术知识，他就从最简单的螺丝、螺帽开始，遇到困难就马上向车间的师傅请教，回去还会继续钻研，检查自己哪些方面做得不错，哪些方面仍然需要改进。

因为起步晚又缺乏经验，李拒刚在掌握技术的过程中也遇到了很多困难。有一天凌晨，李拒刚上的中班马上就要下班了，可是车间生产用的碱剩余不多，不够下一班的生产。为了不耽误生产进度，李拒刚毫不犹豫地留下来加班。可是在他加碱的过程中，一不小心烧碱的碎末溅入了眼睛，烧碱遇水会发生化学反应，产生的化学物质具有很大的腐蚀性，在被溅入的一瞬间李拒刚的眼睛就已经疼痛难忍。可是他为了能够保证生产地正常进行，只是到医院简单地清洗了眼睛周围，将异物去除后，拿了一些消炎药之后，又继续回到工作岗位上。他的右眼却因此留下了严重的后遗症，现在遇到风或者强烈的阳光时，都会疼痛流泪。

还有一次，李拒刚在车间焊接管子，一根倒下的钢管砸到了他的脚趾，他忍住疼痛坚持等到晚上和车间的职工一起抢修过泵浦，确保了生产能够顺利进行之后，才到医院进行检查。检查结果发现他的右脚趾粉碎性骨折。这次身体伤害导致他的脚趾每每遇到下雨天或者下雪天，都会疼痛难忍。

就是凭借着这种不怕苦，不怕累的尽责精神，李拒刚经过两年的刻苦学习，已经全面掌握了车间的各种机械操作以及维修技术，不仅给工作带来了很大便利，还成为生产车间的技术骨干。

后来，由于单位生产改革，他又从生产车间被调到农场的一个办事处。在这里，他一人身挑数职，不仅工作业务多，任务强度也很大。在刚接触电脑操作的时候，他由于从来没有接触过电脑软件，完全不知道如何将业务放在电脑程序里完成。面对陌生的事物，李拒刚还是一贯的态度——不会就学。在工作中，他边学边干，边干边摸索，不断总结经验。为了能够按照规定完成每个季度的工作，他常常一个人一干就是一个通宵。

在李拒刚工作的二十几年间，无论是做车间的工人，还是做办事处的干事，他都秉持着尽职更尽心的态度工作，在岗位上勤勤恳恳、埋头苦干，用实际行动影响着周围的人。在完成上级交代的任务的同时，还多次被评为“优秀职工”、“优秀党员”等。

在任何一家公司，员工之间的竞争往往不是智慧和能力的较量，而是看谁对工作更尽责，更尽心。李拒刚并没有比其他员工有更高的学历或者更丰富的经验，他有的就是一个朴实地尽心工作的态度。一个人的工作态度决定工作成绩，也决定了工作时是追求完美还是敷衍了事，是安于现状还是积极进取。尽心工作是体现敬业精神的一个重要途径，尽心地对待工作，以持之以恒的心努力工作，不会因为遇到困难而半途而废，更不会因为受到外界环境影响而改变自己的初衷。

陆建军，是上海申康房地产公司的董事长。他从上海郊区的一个农民，经过十几年地摸爬滚打，终于在上海这座大城市实现了自己的梦想。

刚从老家到上海打工的时候，除了怀揣梦想，他一无所有。像所有年轻人一样，刚开始打工的时候，他做过很多工作。有一次，他在证券公司打杂，一个前辈看到这个小伙手脚很麻利，也很能吃苦，介绍他到房地产领域谋职。陆建军很感激前辈的建议，于是很快就进入了一家房地产中介公司。

初入这行，他由于没有相关的知识，也没有行业经验，一切都要从头做起。陆建军凭借顽强的意志力，从谈客户、看房这些基本的步骤开始做起。每次做成功一个客户，他回到家里都会把整个过程从头到尾回忆一遍，总结其中的技巧，以便于日后的工作。

经过不懈地努力，他终于拥有了自己的业务。随着客户的积累，他的业务额不断上升，收入也随着提升了很多。后来他已经不满足于仅仅做一个房产经纪人，而是看到了更大的目标，拥有了更大的梦想。

在工作顺风顺水、薪水收入也很可观的时候，他决定自己创业。然而创业之路并不平坦，他最开始的创业资金只有不足三万元。为了节省资金，他只能放弃繁华地带的门面，选择在一个偏僻的居民区开始自己的创业之路。经过他的勤奋和努力，创业第一个月公司就产生了盈余，这个不错的开始更加坚定了他的方向。如今的陆建军在上海的房产中介行业已经闯出了一片天地，他的人生进入了更高的层次。

无论在什么样的职位，尽职地做好本职工作都是员工的本分。然而要想将本职工作做好，做出成绩，就不能仅仅是尽职那么简单了，还需要尽心。尽心就是在尽自己所能去做好本职工作的前提下，对待工作没有任何抱怨，没有借口地投入工作。在职场中，尽责和尽心是相辅相成的，在尽好本职责任的同时，努力将自己的水平最大限度地发挥出来，全身心地投入到工作过程中，最终才会创造出更好的成绩。

大连的一名公交车司机在工作中突发心脏病，在生命的最后一刻钟里，他做了这样三件事：将公交车缓缓地停在马路边，并用最后的力气拉下了手动刹车；将车门打开，让乘客可以安全地下车；将发动机熄火，确保了其他路人的安全。做好这三件事后，他在方向盘上安静地停止了呼吸。这位司机名字叫做黄志全，他用生命的意义实现了尽心工作的目标。

社会学家戴维斯说过："放弃了对工作的责任，就意味着放弃了自身在这个社会中更好的生存机会。"工作需要我们尽职尽责地完成，目标需要我们尽心尽力地去实现。在工作中，尽责工作只能保证不犯错误，不出大的纰漏，而只有尽心工作，才能让所做的事情充满意义，通过工作获得存在的价值和赢得他人的尊重。

如果每一个员工都能充满责任感，尽责又尽心地去对待日常的工作，那么工作中的所有问题都不再成为问题，团队能够排除万难，完成众多不可能完成的任务，创造出一个又一个出色的成绩。

5

坚持创新的员工让团队不断前进

社会各行各业都需要创新人才，具备开拓进取、锐意创新精神的员工对企业的发展很重要。坚持创新的员工可以让自己不甘人后，保持不断前进的势头，在工作中不断地想出新点子、新方法，从而更好地工作，提高工作效率。

无论对于普通的员工，还是企业的领导者，培养创新意识对工作效率地提高非常重要。外界的环境总是不断变化的，员工在工作中除了遵循变化的规律，工作的观念应不断更新，工作步伐也要不断加快，坚持运用新思维、新理念开展工作。只有不断创新的员工才能让自己不断地提升，才能让团队不断地前进。

刘全才在乌鲁木齐油气公司工作了近二十年，他负责的是油气产品的运输和储备设备的维护与保养工作。多年在一线的工作经验让他养成了勤动手、勤动脑，遇到困难就决心钻研的好习惯，也为他在技术上地不断创新奠定了基础。

作为一名普通的设备维修工，每每提到他的名字，销售部的同事都对他赞不绝口。他不仅会修理电器设备，而且还能根据设备的运转温度，判断设备哪个部位出了毛病，经过他检修的设备都会完好地工作很长时间，很少出现重复检修的情况。

2005年，油气公司的天然气加气母站即将投入运作，为了有效地解决母站运作中出现的技术问题，刘全才被公司调到投运小组，主要负责公司两台高压天然气压缩机的调试工作。在压缩机调试初期，常常会出现机油超温，而出现报警停车的现象。压缩机常常因此不得不运转20分钟，再冷却20分钟，既耽误工作效率，又增加了公司的生产成本。为了解决这一问题，刘全才整天都拿着设备图纸、资料和其他技术人员在现场对生产进行指导，还将自己的意见和厂商代表反复讨论。有的时候，公司提供的设备资料不足以应对时，他还会跑到乌鲁木齐的市立图书馆去查阅资料，向更专业的技术人员请教。

经过两个星期地挑灯夜战，刘全才终于找到了设备问题的原因，原来是二级排气的温度过高，导致了机油和冷却水超温，从而使压缩机报警停车。为改进这一缺陷，他带领其他小组成员在设备上安装了专用的排风通道，而且还增加了机油换热器，以保证生产中机油的温度不会上升过高。压缩机经过刘全才这番改进之后，效果甚是明显，不仅二级排气的温度下降了40多度，而且压缩机的运转非常正常，再也没有出现过报警停车的现象。

不断创新的技术也给刘全才带来了优异的工作成绩。他在油气公司的攻关小组中，也是凭借遇到问题不怕难，敢想敢干勇于创新的态度,改进了原油栈桥的管道结构,实现了液下装车。这样的操作不仅减少了装车过程中的油气挥发,更提高了生产中工人的安全系数,为公司创造的经济效益超过了20万元。

刘全才凭借着出色的技术能力和解决问题的能力,先后两次被公司评为技术能手,还连续四年被评为处级和局级优秀员工,先进个人。他可以轻松解决设备出现的大小问题,几乎成了全能的技术工人,被公司的同事们亲切地称为"机泵医生"。

创新思维来自于实践,创新技术也要来自于实践。在实践中摸索工作的规律是每个人创新的必经之路,实践是激发创新潜能的源泉。员工想要坚持创新,就要像刘全才一样,勤于学习,勤于思考,面对困难,勇于探索,在遇到问题、解决问题的过程中激发出自身的潜能,从而达到创新技术、创新工作的目的。

坚持创新还要求员工之间要营造出尊重创新、重视创新的良好氛围。对于敢于挑战权威,发表自己主张的员工,同事之间和领导都要保护好员工的兴趣和好奇心,充分调动员工的积极性,使员工不断增长的创新热情得到有的放矢地发挥。而不要听到不同的声音,遭遇不同的意见就进行批判,这样不仅对员工的发展会造成阻碍,对团队的前进也会造成阻碍。

纵观历史但凡在事业上有所建树的人,都是具有很强的创新思维的人。他们能够凭借高超的思维能力,将既有事物进行优化组合,从各种关系中找到最切合实际、最具有应用价值的结果。简单来说,他们凭借的就是智慧、点子和不断钻研的精神。在工作上开拓出一片广阔的天地,被后世人们赞颂。

阿里巴巴总裁马云在演讲中曾经讲过一个懒人的故事。他说,这个世界实际上是靠懒人来支撑的。比如说世界首富比尔·盖茨,他想做一名程序员,又懒得读书,所有他就退学了。做成了程序员之后,他又懒得用脑力记忆那些复杂的运算指令,于是他编写了以图形为主的界面程序。于是,全世界的人都在使用长相相同的电脑,而他则成为了世界首富。

比如说,世界上快餐连锁的巨头麦当劳,他的成功也不过一个懒字。因为懒得学习材料考究、程度繁杂的法国料理，又懒得记忆中餐复杂的口味和分类，所以他将两片面包夹块牛肉制成方便快捷的食物，最后卖到了世界各地。

再比如说，必胜客的老板，因为懒得将各种馅料放进面饼里面，他就直接将各种材料撒在饼的表面，于是世界各地就出现了比萨饼。

马云讲的这个故事，表面看似笑话，但从这几位“懒人”中我们却可以发现一种独特的创新精神。一个新事物的诞生，可以简单地认为就是来自于一个新奇的想法，或是一个不经意的契机。坚持创新的员工能够抓住工作中闪现的点滴灵感，并且将想法通过不断地努力转化为实际行动。世界也正因为有各种各样“懒人”的存在，才会有更多的创新发明，也因此新兴行业得以诞生，企业得以发展，社会得以进步。可以说，没有创新精神，就没有今天这个五彩缤纷的世界。

6 懂得分享，不独占团队业绩

当我们分享美食时，就懂得了厨师的辛劳，分享丰收的果实时，就懂得了花开和劳作的辛苦。生活中懂得分享的人，都是有爱心和责任心的人；工作中懂得分享的人，都是具备职业素养的人。懂得分享，会让我们更能感知生活中的冷暖风雨；懂得分享，会让我们变得人格崇高，博大无私。

企业是一个大团队，每一次成功都是众多员工共同努力的结果。懂得分享的员工，不会独占团队的业绩，而是将荣誉收益和所有参与的员工共同分享。我们不能在所有人共同奋斗的时候是一个姿态，当个人的地位和利益发生变化的时候，就变成了另外一种姿态。时刻记住，团队的合作需要从一而终的团结，困难的时候大家一起努力想办法克服困难，成功的时候大家共同分享成功的喜悦。当企业兴旺，决不能忘记个人对团队的贡献。个人发展时，更不能因此抹杀团队的业绩。

有一个故事是这样讲的。从前，有一群猴子，它们在一座大山中寻觅食物。突然，有一只猴子发现一个高高的悬崖上长着一颗果树。树上结的果子都熟透了，一个个通红通红的，晶莹欲滴地诱惑着猴子们。可是，那个悬崖太陡了，即使攀爬能力再强的猴子也爬不上去。所有猴子都紧紧地盯着那棵果树，馋得连口水都流出来了。

这时，有一个经验丰富的老猴子说，“我们可以一个踩着另一个的肩膀，搭起一个梯子来，那么在最上面的猴子就可以把果子摘下来了。”按照老猴子的方法，大家迅速地搭成了一个“猴梯”，其中体重最轻，身体最灵活的一只猴子爬到了最上面，开始摘果子。果子的香味飘在小猴子的鼻子周围，它忍不住坐在悬崖上吃了起来。小猴子一个接一个地吃着，全然忘了下面还有很多猴子在等待它摘的果子。后来，在悬崖下等待的猴子们不耐烦了，纷纷撤出梯子，到别的地方找食物去了。小猴吃饱了之后，却发现其他的猴子早已不见踪影，它自己又找不到回家的路，最后只能饿死在悬崖上。

故事中的小猴子就完全没有顾忌团队中其他成员的利益，将团队的业绩占为己有，最后也只能承受被团队抛弃的后果。其实，企业中也有很多和小猴子类似的员工。在企业发展艰难的时候，员工往往能够团结一心，与企业站在一起，共同面对困难，努力度过难关。可是在取得一些成绩之后，团队中就很容易出现小猴子这样的员工，不仅要占有团队合作取得的工作成绩，还会给整个企业的发展带来影响。

因私忘公的原因不一而足，有的员工是过于自私，只考虑自己的利益，不能顾及他人的利益，有的员工则是职业素质太差，完全没有团队意识，但是其中最重要的一个原因就是不懂得分享。俞敏洪在演讲中曾经讲过一个很简单的例子：“如果你现在有六个苹果，你可以选择一个人把六个苹果都吃掉，也可以选择自己只吃一个苹果，把剩下的五个分给其他人。当你一个人吃了六个苹果的时候，你所获得的营养不过是六个苹果而已。但是，如果你把其余五个苹果分给其他人，看似你是丢了五个苹果，但是你收获了五个人的友谊。当他们有桔子的时候，无论如何都会分给你一个桔子，有橙子的时候，你也会同样地收到一个橙子。你用这种方法往往能获得更多的水果，而且是五个不一样的品种。”

高文光在天津拥有一家经营五金机电的公司，他在创业初期，采用了“一盒螺丝钉也送货上门”的经营方式，很快就为公司打开了局面，占有了市场。但是，他这样的经营方式也让一些批发商钻了空子，有的时候批发商根本就不负责任，不给客户送货，而是通过高文光的公司替他们把货物送到客户那里。这样，批发商不仅给自己省了运费，还能够轻松盈利。时间长了，高文光公司的员工积累了很多不满。

有一次，一名员工再次按照批发商的要求将货物送到了客户的手里。送完货后，这名员工突发奇想，将自己的名片递给了客户。他说：“今后如果您还要进货，可以直接和我联系，我可以保证我们的货物和这些一样，并且价钱比您从批发商那里进货便宜很多。”客户见有利可图，便欣然答应了。

这名员工觉得自己为公司发展了新的客户，心里特别高兴，回到公司马上跟高文光报告了刚才的情况。报告完毕后，他本来以为老板会对他赞赏有加，好好地奖励他一番，没想到老板却给他一顿严厉的训斥：“以后哪个员工要私自发展客户，没有理由，直接开除。”这名员工很是委屈，也很质疑老板，“难道他不想赚钱了吗？”

后来高文光在开公司会议的时候，向全体员工讲明了他的观点。“我们做企业当然是为了赚钱，但是也不能一条大鱼咱们一家全吃了。如果天下的钱都让咱们赚了，大家都没钱赚了，那咱们还能赚谁的钱呢？有钱大家赚，只有这样，才会有人愿意跟你合作，企业才能发展起来。”高文光用他质朴的“有钱大家赚”的经营理念，只用了短短几年，就让他的公司迅速地壮大了起来。直到今天，他仍然相信这句话。

在工作中学会与人分享是一个很简单但很重要的道理。有很多一起工作的同事，在一开始接到项目的时候，总是可以齐心协力地为了完成目标而努力，而一旦出现一点儿欣欣向荣的迹象，就会有人开始算计个人得失指责别人的问题，这样，更多不利于合作发展的问题也就相继出现，原本可以干出好成绩的工作，最后只能以残局收场，谁也没有得着好处不说，还损害了团队荣誉。

懂得分享的员工，会始终如一地对待团队中的伙伴，即使自己受到了褒奖或是提拔，也会非常谦虚，不会忘记曾经一起努力，一起奋斗过的伙伴，在自己收获快乐和荣誉的同时，也会将所有的荣誉与伙伴们分享。

曾经有三只饥饿的老鼠，它们来到一个人家的厨房，在厨房里他们发现了一个香喷喷的油罐。可是由于油罐很深，三只老鼠只能望着油罐里的香油流口水。后来，其中一只聪明的老鼠想到了一个办法，三只老鼠首尾相接，一只咬着另一只的尾巴，正好可以保证最下面的老鼠能喝到香油。只要三只老鼠轮换着到罐底，大家就都可以喝到香油了。

于是，其中的两只老鼠让饿得最厉害的那只小老鼠先下到罐底去，在他们的帮助下，小老鼠很快就到了罐底。它看到罐底的香油只有浅浅一层，于是心想：“香油这么少，如果平分的话，我只能喝到一点儿，还不如现在就喝个痛快。”抱着这样的想法，小老鼠在下面大口大口地喝着，无论上面的老鼠怎么叫，怎么挣扎，它都不肯爬上去。上面的老鼠看到香油马上就要被最下面的小老鼠喝光了，心急之下就都跳进油罐里。三只老鼠你争我夺地将油罐中的香油喝光之后，还没来得及享受“油”足饭饱的喜悦，就发现已经身处绝境了。油罐口很高，加之它们在喝香油的过程中把毛皮都泡在了油里，即使用上最大的力气，沿着油罐壁爬上一半也会因为摩擦力太小而滑下来了。

最后，三只老鼠只能在互相埋怨、互相指责中等待死神的光临。

懂得分享，不独占团队成绩的人，周围的人才更乐意看见他的晋升，看见他的成功。当他有所成就的时候，周围的人会像自己得到成就一样地高兴。因为大家知道，他永远不会居功自傲，更不会忘记曾经所有人对他的帮助和鼓励。他会用自己的实际行动来回报当初帮助过他的人，会发自内心地感谢曾经和他一起努力过的人。

懂得分享的人更能够幸福平和地生活下去。世界上没有永远的获得，但总是有很多人急于求成，获得一点点的成就就决然放弃身边的伙伴，根本不去考虑他人及团队的感受。做一个懂得分享的人，在收获成就时，不忘给自己留出一点儿奉献的空间。这些品质会帮我们一步一步走向更宽广的舞台，在更大的领域中做更有意义的事。

第六章

赢在执行:拥有超强执行力,我们就是企业兴旺的最大资本

员工具有超强的执行力是一个企业得以兴旺的重要因素之一。商场如战场,要想打胜仗,三分靠谋略,七分靠执行。只有拥有超强的执行力的员工,才能把谋略执行到位。如果员工做不到执行到位,再好的策略都是白费。企业的兴旺赢在执行,拥有超强的执行力是企业兴旺的最大资本。

1

执行不到位，企业不兴旺

一般企业会制定很多非常严格的规章制度和工作标准流程。这些制度和流程的制定都是企业为了保障高层所做出的战略决策能够更好地被员工贯彻执行，以保证企业生产经营地顺利进行。执行不到位，再好的战略决策都是空谈，再有创造性的想法都无法发挥出其本该有的灿烂光芒。

早在三十年前，摩托罗拉为了保证员工能够将公司决策贯彻执行到位，建立了自己的流程管理体系。这个管理体系是企业内部的一个工作执行标准，它将公司内部的每一项业务流程都做出了具体且详尽的规定，而且还对不能按照这个体系去工作会给公司带来什么危害，造成什么影响做出了说明。摩托罗拉公司之所以这样做，就是希望能够通过制度的规定，提高员工的执行力。由此可见，企业的管理体系就是为了让员工能够把工作做到位，让执行力在每个人身上都得到提高，为企业的兴旺贡献力量。

沈纪元在一家大型国有企业任中层管理者，他的工作有保障，工资待遇也很好，更难得的是在这样一个购房难的时代，公司还能为他提供房子。这真是一份人人见之眼红的好工作。然而，尽管这家国有企业很是辉煌了一阵子，却也迎来了它的落寞时期。

由于企业管理疏漏，技术水平有限，创造性差，企业经营日渐衰落。这让企业领导很是头疼，领导找到沈纪元问他的建议，于是他就把自己的想法说了出来。他说："现在国内外有很多的营销策划公司，可以根据企业的实际情况，为企业提供经营方案、市场营销方案和广告策划方案等，这样做的目的就是通过企业内部改革，调整企业的战略方向，增强企业的竞争力。我认为我们可以找一家优秀的营销策划公司，来帮助咱们企业度过难关。"这个主意得到了公司高层管理者的赞同。

于是，沈纪元就开始着手行动。首先需要做的就是找到一家优秀的、在咨询行业小有名气的公司来当他们的帮手。最终，通过详细了解，沈纪元找到了一家国内知名的营销策划机构。接下来，这家营销策划机构对沈纪元所在的企业进行了细致地分析，为其量身定制了经营方案，随后又提供了市场营销和广告策划方案。

然而，耗费巨资所得来的经营方案并没有得到彻底地贯彻执行，在企业内部盛行了一段时间后，就被束之高阁。企业维持了几年之后，就破产了。之后，被一家实力雄厚的企业所收购。

被收购之后，新的领导层诞生，但在人员的变动上并不大，只是将财务、管理、技术等要害部门的人员进行了替换，而其他方面并没有做任何变动。然而，企业却在两年内扭亏为盈，恢复了生机活力。

沈纪元虽然没有选择继续留在这家企业中，但看到了企业的复苏，他感到很疑惑，就找到企业的老员工询问情况。询问后得知，原来，除了关键部门的人员变动，其他方面都没有任何改变，只是新的管理者更重视执行，狠抓执行到位，才扭转了企业的危机。

沈纪元所在的企业领导虽然看到公司发展的瓶颈，并做出了恰当的决策，却终因执行不到位而破产。执行不到位的现象存在于诸多企业中，因执行不到位导致破产的现象在我国存在由来已久，不得不让人感到痛心。假如制度、流程和标准都流于形式或者束之高阁，不能够贯彻执行到位，企业必然是经营不下去的。如果企业自身存在的执行不到位的问题得不到解决，找任何帮手都无济于事。

万科董事长王石说过："企业最缺的不是制度，而是制度的执行。"海尔集团董事局主席张瑞敏也说过："制定一项好的制度不易，能够坚决执行则更重要。管理不到位，很重要的一点，就是看规章制度是否真正落实到底。"一个稳定持续发展的企业一定是将制度、规范、准则、标准统统执行到位的企业，一定拥有一批认真、敬业、奉献、负责任的优秀员工。这些优秀员工无论做什么工作，都会竭尽所能、全力以赴，对待企业的制度和准则都会按照要求严格执行。

有一个海岛，风景秀丽，是各国人民的旅游胜地。在这个海岛上，有一家漂亮的宾馆很有名望，众多网友都极力推荐去岛上游玩时一定要住在那个宾馆里。为什么呢？是什么让这家宾馆给那些与其只有一面之缘的游客留下了如此深刻而美好的印象？是有什么独特的经营理念吗？还是有什么非常棒的美食或住宿条件吗？……都不是。这家宾馆同其他宾馆并无二致，甚至条件还稍微逊色些呢。

这其中的原因只有来过的人才知道。有人说："这家宾馆给我们的感觉就是很温馨，服务很到位，真正地做到了顾客至上。"还有人说："我感觉像住在老朋友家里似的。"

"顾客至上"，这四个字就是这家宾馆的经营理念。而规章制度也仅有几条，分别是：1. 不准迟到早退；2. 仪表整齐大方，穿职业装，化淡妆；3. 热情、礼貌，顾客永远是对的；4. 对顾客保持微笑；5. 记住顾客的名字。

这五条服务标准在这个海岛上很常见，几乎处处都有这样的规定，但却只有这一家真正地做到了，将其落到了实处。即使员工很疲惫、心情很不好，也绝不会把自己的坏情绪传递给顾客，绝不会拖沓懒散，衣着不得体，而是时刻保持精神焕发，微笑着为每一位顾客服务。正是因为把这五条制度执行到位了，才给这个宾馆带来了众多客人，这也是它兴旺红火的秘诀所在。

制度无需多，只需精；执行无需广，只需到位。执行力是一个企业生存和发展的关键，是能否将企业纸面上的规定落到实处的关键所在。即便企业的规定再好、口号再响亮，却没有员工可以将其真正地贯彻执行下去，也是毫无用处的。相反，即便是规定简单粗陋，如果能执行到位，也会发挥出惊人的力量，给企业带来利润。

执行到位是将企业决策化为现实的桥梁，不能执行到位，再好的决策、再好的战略也将沦为无本之木、无源之水，终将枯萎、干涸。企业并不缺乏制度，却缺少能够贯彻执行制度的员工，缺少凡事认真、仔细，狠抓结果的优秀员工。由此可见，只有将制度和决策执行到位，企业才可能兴旺，拥有强大执行力的员工，企业才有大好前途。

2 员工没有执行力，企业就没有竞争力

执行力的强弱，取决于员工能否把工作保质保量地完成的能力和态度。执行力是一个企业把战略、规划转化为利润、果实的关键所在，是一个企业能够在市场上站稳脚跟，并夺得业界头筹的制胜法宝。如果员工没有执行力，企业就没有了竞争力，只会在经济大潮中犹如一叶扁舟，在浪尖上体验惊心动魄，随时都会被浪头打翻，沉入海底。

执行力是企业兴旺的关键，决定着企业的兴衰成败，甚至生死存亡。虽然现代企业越来越重视员工的执行力，但缺乏执行力和执行不到位的现象却屡见不鲜，由此也带来了诸多的问题。企业里一直都不缺少深远的谋略和智慧的决策，也不缺少优秀的人才，却往往问题不断，时而陷入困境。究其原因，就是因为员工没有执行力，不能把工作认真细致地完成，或者在执行任务的过程中抓不到工作要点，致使执行不到位。

1984 年，联想集团创始人柳传志先生带领中科院计算所 10 名科研人员，以 20 万元的启动资金创办了联想集团。在他的带领下，联想集团以准确的决策及高凝聚力、高执行力在市场上牢牢地站稳了脚跟，并取得了辉煌的成绩。柳传志先生的接班人杨元庆先生更是继承了他的经营理念，带领联想日益发展壮大。

说到联想集团的执行力，有人曾很有寓意地说："如果杨元庆在排头摆一个不很漂亮的姿势，直至传至团队的最后一个队员，仍然是这个不很漂亮的姿势。"联想人不具备单打独斗的精神，但他们却是一个斯巴达克方阵，联想的执行力建设，就是通过组建斯巴达克方阵的方式来实现的。这个方阵需要每一个成员在具备良好的专业素质和专业技能的基础上，以目标为导向，团结一致地将公司战略决策贯彻执行下去。

1998 年，联想开始施行指导人制度，在新员工三个月的试用期内，公司会指定一名骨干员工和经理以上的人员作为新员工的指导人。每个指导人要带 1～2 名新员工，在试用期间同新员工定期交流，使他们明确公司的发展目标，对他们的疑问做出解答，指导他们按照公司规范做事，使他们更快地融入到联想团队。指导人可以对新员工做出评价，新员工也可以给指导人打分，这样就可以让新员工和指导人都获得成长。

1999 年，联想开始施行专业序列建设，让各种职能的员工都具有"不当官也有奔头"的理念。比如一个从事技术工作的员工，他可以走技术序列，这个序列从低到高的职称分别为助理研究员、副研究员、研究员、首席研究员、首席科学家。这其中，研究员的待遇和经理的待遇是对等的，总监和高级研究员的待遇是对等的。这样做就使得大多数员工感到工作有奔头，对联想的忠诚度提高，工作也有了奔头，执行力自然就有了提升。

2004 年，联想将全国的销售区域由 7 个扩展为 18 个，且提高了这 18 个区域的销售目标。虽然在联想内部拥有优秀的区域总经理的候选人，但考虑到要从北京迁到外地，又要在异地承担巨大的销售任务，很多候选人都不愿担此重任。由此，联想推出了史上最“丰厚”的区域总经理待遇：配备一台 30 万元的轿车给所有区域总经理，如果在分区工作三年就转为个人财产；如果家属陪同到分区工作，公司每月给家属 1 万元的补贴；如果子女在分区当地上学，由公司承担子女的学费……就这样，在重赏之下，18 个区域总经理走马上任，并在各自的岗位上做出了出色的业绩。联想在中国的业绩，也从此开始实现了快速增长。

联想为了使员工拥有超强的执行力，不仅在物质方面、个人职业生涯方面对其进行鼓励，在精神方面也有制度上的激励。

可以说，联想集团取得的成功源于企业员工强大的向心力和执行力。柳传志先生的继承人杨元庆更是一个有着强大执行力的人，他继承了柳传志先生的发展战略，把执行力文化带入联想集团内部。杨元庆曾将任正非的著名文章《华为的冬天》发给全体联想员工，并在一次会议上问道：“如果有一天，公司没有完成任务怎么办？”半年之后，杨元庆先生开始大刀阔斧地改革。

一个企业的成功需要能够将优秀的战略和决策坚决贯彻下去的执行者。一个企业的高效率同样需要能够尽职尽责工作的执行者。员工作为企业中最直接、最有力的执行者，应该认同企业文化，明确工作目标，肩负起岗位职责，尽职尽责、踏踏实实地投入到工作之中，为企业的发展做出贡献。成于执行，败也执行，再好的战略和决策没有好的执行者都将沦为一纸空谈。企业的兴旺不仅需要优秀的战略决策，还需要有执行力的员工。

有一位著名企业家说：“一家公司和竞争对手之间的差别就在于双方执行的能力”。比尔·盖茨也说过：“微软在未来 10 年内，所面临的挑战就是执行力。”尽管战略、创意、决策都很重要，但缺乏执行力，这一切都没有了用武之地。然而，执行力尽管如此重要，但在企业中缺乏执行力的员工却比比皆是：找借口、不重视细节、不能尽职尽责地做好本职工作……这些都成为影响企业执行力的重要因素。这些因素构成了损害企业执行力的蛀虫，正一点一点地侵蚀着企业的根基，耗损着企业的内力，进而使企业丧失了在市场上的竞争力。难怪盛大网络公司总裁唐骏会断言说，目前中国很多经营状况良好的企业，5 年之后会退出舞台。因为这些企业虽然抓住了市场机遇，或拥有先进的商业模式，但薄弱的执行力会彻底将其击垮。

员工没有执行力，企业就没有竞争力。良好的执行力需要一个优秀的团队，每一个成员都能尽职尽责地完成工作，对公司的每项决策都毫不犹豫地执行到位，面对难以解决的问题，能够从实际情况出发，共谋解决办法，并迅速地做好部署，投入到各自的工作岗位中，将决策执行到位，并作出工作总结，形成工作反馈，以便于高层更好地作出决策，调整战略。

作为一个企业的员工，应该认识到自身执行力对企业竞争力的影响，在实际的工作中主动培养自己的执行力，接到任务首先明晰结果，然后决定路径，之后立即执行，并勇于承担责任，不断挑战更高的难度，专注细心地工作。面对执行不利的情况，要挖出原因，尽快解决。

如果员工的执行力出现偏差，高层决策就难以开展和进行，也就不能使一个好决策发挥出其应有的作用，同样也不能使一个坏决策暴露出其弊端。这样不仅对高层决策不利，对企业的生存发展不利，还会使企业在市场争斗中败下阵来。

好的执行力需要员工拥有敬业精神，摆正工作态度；好的执行力还需要员工具有优秀的办事能力，踏实做事，不马马虎虎、不敷衍了事，落实到行动中。所以说，执行力是一种态度，也是一种行动。良好的执行力是企业的核心竞争力，也是员工的核心竞争力，为企业带来效益的同时，也为个人增加成长的本领。一言以蔽之，即赢在执行。

3

执行要到位，责任必须到位

海信集团总裁周厚健说："执行力低下是企业管理中最大的黑洞，再好的策略也只有成功执行后才能够显示出其价值。而企业执行力差，会削弱干部、员工的斗志，破坏工作氛围，影响企业的整体利益，长此以往，它将会断送企业的事业。"执行力如此重要，每一位员工都应该努力提高自己的执行力。

那些优秀的执行者，无不将责任看得很重要。有责任心的员工会把企业的事当作自己的事，把企业的利益当作自己的利益，会为自己不努力工作，对企业没有贡献而感到惭愧和不安。有责任心的员工会全心全意地投入到工作之中，认真负责地对待自己的工作，从不投机取巧、耍小聪明，在整个工作的过程中表现出优秀的执行力。这样的员工是企业的财富，是其他员工的榜样。

王显兵，西南铝熔铸厂熔铸车间的一名工人。

1994 年，王显兵从部队退伍后被分配到西南铝熔铸厂做铸造工人。身边有很多人提醒他说，铸造工不但又苦又累，还有一定的危险，可是王显兵并没有丝毫地退缩。他坚定自己的信念：事在人为，一定要做一名优秀的工人。

就这样，他以高度的责任心投入到了铸造工作中，在一线艰苦的工作环境中，一干就是 18 年。提起王显兵同事们无不敬重他认认真真学习、兢兢业业工作的精神。他还是一个优秀的执行者，一直都带着责任心去执行好每一项工作任务，并取得优秀的工作成果。在 2011 年，已身为班长的王显兵带领自己的班组实现了"零事故、零违章"的工作业绩。

为了提高工作执行力，他抓紧时间通过学习理论知识和专业技术知识来提高自己的铸造技能，并在工作过程中勤于思考，主动发问，且善于总结，增长了自己的才干，提高了工作能力，使自己从一名青工逐渐成长为了技术骨干。目前他通过积极摸索已熟练掌握了合金及规格的铸造技术50多种。

王显兵如自己所愿成为了一名优秀工人，并向企业贡献着自己的力量。他生产出了国内规格最大、铸造难度最大的7050合金φ840mm圆锭，将《7050合金锻件φ750mm铸成型及冶金质量控制熔铸工艺研究总结》这个攻关课题顺利地完成，使得成型率提高到84%，低倍和氧化膜最终合格率达到100%。

2011年，按9个月的产量计算，王显兵的个人铸造量达到了1087吨，废品率3.77%。这个铸造辆比其他员工的平均产量高出247吨，废品率比铸造赛区平均废品率低2.51%。

在接到7A85、2A14、2219合金φ1000mm圆锭的生产任务时，他积极参与其中，并顺利完成。这次任务的完成奠定了大规格锻环顺利产出的铸锭基础。面对《提高1973合金大规格方锭成品率》的攻关课题，他主动投入其中，并最终使成品率由32%提高到了90%。在《大规格圆铸锭表面质量攻关》这个工作中，他通过努力使得2×××系大圆锭表面质量合格率由91%提高至96%，7×××系大圆锭表面质量合格率由75%提高至95%。

王显兵是一个有高度责任心的员工，他把工作当事业，把公司的事当成自己的事。面对公司交给他的工作任务，他毫无怨言地认真执行，从不为自己找任何借口推诿。这样有责任心的员工，无须怀疑他的执行力，他一定会把工作执行到位，甚至超出别人的预期。

有时候在一项工作面前，每一个人都极力规避责任，总想比别人少干点儿，不愿意承担责任，没有一个人能够保质保量地完成自己的工作。责任心的缺失使得企业内部矛盾不断，互相推诿工作职责，使得执行不到位，决策得不到真正地落实。

其实，无论是企业的高层、中层还是基层员工，都应该明晰自己的岗位职责，把自己的工作保质保量地完成。工作任务没有完成并不是他人的错，而是自己没有尽到自己的职责。如果每一个员工都能做到树立责任意识，以高度的责任心开展工作，将工作任务不留死角地完美执行，就会发现有些工作任务并不是不可完成的，少一些相互推诿、猜忌，多一点儿负责精神，执行就会到位。在工作中，我们不妨多问问自己："我负起责任了吗?"

石春江是北京铁路局丰台工务段黄村线路车间北岔工区班长，作为尽职尽责的铁路工人，他已经在铁路维修这个岗位上干了32年。夏天，要忍受被烈日烤得温度高达50多摄氏度铁轨；冬天，要顶着寒风、大雪工作，穿得再厚都会被冻透。虽然铁路维修很辛苦，但他没有丝毫怨言。他说："工作是很辛苦，但我甘愿做铺路石，为保证列车正常运转，出一份力是我最大的幸福!"

"外人看来只要有力气，会使叉子、洋镐、撬棍就能干养路工，其实不然。线路和道岔的各部分尺寸都是以毫米来计算的，稍有疏忽就可能造成列车脱线颠覆。我们这一行看似粗活儿，实际上要有绣花儿的功夫。"他就以这样高度的责任心对待自己的铁路工作，并把工作做得出色。凭借着"安全生产大于天"的思想，石春江带班检查维修过的铁路从未发生过行车责任事故。

一天，石春江回家取自己的换洗衣服。可是刚进家门，工区就打来了电话，只听对方焦急地说："京沪三线30K＋200m红光带，要立即进行设备检查，工区人手不够，你赶紧过来吧。"放下电话，石春江什么都顾不上，就赶紧奔赴工区现场。他和工友们在现场进行了详细地设备检查，却没有发现任何问题。原本任务到此就算完成了，可是石春江考虑到临近的工区距离故障地点有好几公里，如果现在停止检查，等临近工区的工人再来检查，就会把事情耽误了。于是，他决定带领工友们继续检查，直到发现了故障原因。

工区离石春江的家只有10分钟的路程，但平时他却很少回家。他说："工区一刻也离不了人，一旦线路出现问题，必须马上进行维修，我回家的这段时间出了事，谁来负责呢？”

石春江不善言辞，却有着一副热心肠。工友都说他是一个外冷内热的人。他总会热情地在工作和生活方面向工友伸出援手，而最难得的，石春江总是为了让其他人有休息的机会，主动承担下值夜班的辛苦活。

由于石春江的家离铁路很近，所以每当火车经过时，他便会感到房子都跟着震动。石春江很喜欢轰轰的火车声，他说：“现在，我觉得火车的声音是最美的乐曲，没有它的声音，还觉得少了点什么呢！”而他留下来值夜班，也是因为不会被火车的这种轰轰声吵得睡不着觉，这样就可以让工友们多休息一些。

此外，石春江还经常为工作做出一些小发明，以节省人力物力，使工作效率有所提高。每次火车转道时都需要二三十个壮小伙儿一起用力抬起1500多公斤重的辙岔，耗时耗力不说，还很不安全。石春江看到后，一直在思考怎么使用最少的人力成功移动辙岔？试验多次后，他终于发明了一种由两辆小车组装而成的“天车”。从此，火车改道时移动辙岔就省力多了，工人们将两辆小车组装起来，用“天车”上的吊环把辙岔固定在天车上，只需要推着天车走就能够移动辙岔了。原来需要二三十人的重活儿，用了石春江发明的“天车”只需要五个人就可以完成了。

企业的兴旺发达离不开有责任心的员工，而有责任心的员工能够尽职尽责地工作，是优秀的执行者，能够将工作做到位。就像前文中的石春江，因为对工作有责任心，所以能够不计回报地全身心投入到工作中，哪怕牺牲一时的个人利益也在所不惜，不但能够胜任自己的工作，还能在工作上有所建树。

真正认真负责的员工是不会以个人功利为目的的，在对待工作时，不会首先去思量自己是否能够获得什么利益，更不会因为要损害到个人利益而不认真工作。有责任心的员工具备高度负责的精神，可以将工作做到尽善尽美。只有具有高度负责精神的员工，才会将决策和战略更好地执行下去，将决策和战略落实到位，使企业更加兴旺。

4

专注做事的员工才会执行到位

专注是集中全部精神,全神贯注地解决问题的能力,是一种十分难能可贵的工作态度。培养专注的精神并不容易,它需要一个人心无旁骛,在做事时不会被周围的人和事所干扰。能够一心一意地完成工作任务。

作为一个员工,只有全身心地投入到工作中,甚至达到忘我的程度才能拥有超强执行力,才能把工作任务执行到位,找到工作的乐趣,自动自发地行动,达到他人无法匹敌的地步。企业需要专注做事的员工,拥有这样的员工企业兴旺将不再遥不可及。

很多人都可以做到对自己喜爱的工作专注,因为他们会把这份工作视为自己的事,把这份工作所产生的一系列问题看成是对自己能力的挑战。然而,在自己的职业生涯里,梦想的起点往往都是枯燥乏味的,过程也是历尽千辛万苦的。也许理想的工作与现实的工作有天壤之别,但是,一个人如果能够专注于枯燥乏味或是困难重重的工作,并展示自己的工作热情和态度,拥有优秀的执行力,努力做好自己的工作,实现梦想也将指日可待。

吴广兵从一家艺术院校的钢琴演奏专业毕业,他从五岁起就开始学习和练习钢琴,在学校时成绩非常优异。毕业后,他朝气蓬勃,信心满满,想要凭自己的力量在钢琴演奏方面做出一番成就,实现自己的梦想。但是,社会是现实的,理想在现实面前总是显得风雨飘摇。毕业后,他没能实现一步登天的愿望,难免有些心灰意冷。但他心里很不服气,一想到人家都是有着雄厚的家庭背景的,自己就越发地怨天尤人,怜惜自己命运不济。想着想着，原来蓬勃向上的他越来越消极、悲观，越来越感觉自己做一名不起眼儿的钢琴教师是屈才的，是非常丢人的。由于他看不起自己的职位，也就不能够认真地教学生，同时学生也很不喜欢这位钢琴教师。这样下来，吴广兵所任职的这家音乐机构的负责人时而就会责怪他“高分低能”。听到老板的批评，他愤怒地想，“这么个破角色，我还不稀罕演呢。”后来，一气之下他就辞了这份工作，成为无业游民。

母亲多次劝说他，他都听不进去。一次，吴广兵回母校看望自己的恩师蔡老师。蔡老师了解到吴广兵的情况，就开导他说：“想成为钢琴师哪有那么容易，想站在舞台中央，是需要从遥远的外围凭自己的辛苦和努力挤上去的。只有专注于看似渺小的工作，你才能不断提高自己的演奏水平，并把自己的才华展现出来，得到大家的认同，机会也就会不请自来了。”吴广兵从母校回家后，仔细地想了蔡老师的话，才恍然大悟。他决定从现在起，认真工作，专注地做事，全身心地投入到钢琴演奏中。

后来，吴广兵到一个五星级酒店做钢琴演奏。这份工作虽然看起来光鲜，其实却既枯燥又劳累，每天都要重复弹奏那几首曲子，几个钢琴演奏者都受不了这种劳累，更是受不了这种不把钢琴当作艺术的环境而纷纷离职了。工作了一段时间后，吴广兵也感到不适，心里萌生了退意，但又迫于不愿让人说成“啃老族”的压力而坚持下去。这样，他便开始马马虎虎地应付了事，心想何苦为这个附庸风雅的酒店卖力气呢？弹得好不好又有几个人能听出来呢？可是，想法一出，他的耳边就响起了蔡老师对他的谆谆告诫。最终，他克服了应付和放弃的心理，打算在这个职位上认认真真地专注于钢琴演奏，什么都不想，全身心地投入到钢琴上，不求别人听得懂，只求自己能够不断进步。换个角度，这就像是在为开自己的音乐会呢！

于是，在这家五星级酒店的大堂，他一直很卖力气地弹钢琴，专注其中，有时甚至都忘记了时间。对于他来讲，与其说这是一份工作，倒不如说这是一次享受。后来他的技艺越来越成熟了。

几个月后的一天，他突然接到一个电话，打电话的人说一位知名的音乐人打算邀请他加入到一张专辑的制作中。原来，这位知名的音乐人曾和朋友一起去过那家酒店，恰好听到了优美的钢琴声，闻声望去，只见一个年轻人十分专注地弹着钢琴。后来经过打听，知道了这个年轻人的名字。这位音乐人被吴广兵的专注所打动，在制作这部专辑时就想到了他。而这成为了吴广兵钢琴演奏生涯的开端。

其实每一个人都可以做到专注于自己的工作，只是大部分人都本末倒置，看到利益在先，付出专注在后。如果吴广兵事前知道自己会被这名音乐人看中，就不会有任何矛盾心理，就会镇定自若地弹钢琴。而另一方面，如果他事前就知道这件事，就不会刻苦练习，也不会不断地进步，弹得也不会那么动听了。

春晓从小到大一直都是一个认真做事的人。他在学校读书时，老师经常表扬他的专注。比如说，在上自习时，有一位同学开门出去，其他同学就会立马抬起头，眼睛跟随着那位同学，看一下发生了什么事，而春晓就不会，他只会全神贯注地做作业。

春晓大学毕业后，到一家出版社从事校对工作。因为校对工作很枯燥乏味，所以没有几个人能够坚持下去。但春晓却做得很好，最近升职做了校对部主任。社里的编辑和校对碰到拿捏不准的字词句读都喜欢问春晓，每次春晓都能够做出正确的解答。说起知识何以如此扎实，春晓自豪地将其归功于自己的专注。因为专注，所以记起东西来就又快又牢固。

在校对工作中，春晓非常地认真和仔细。春晓说："校对是一个细致活儿，一时的分心、马虎都可能把错误放过去了。"所以，只要春晓做到办公桌前，做起校对工作，就会全神贯注。他认为一个小时的专注工作要抵得上一天处在三心二意的工作状态下所取得的工作成果。所以，他在工作时，从不与同事闲聊，直到把一份工作做好。他说："人的精力有限，所以难免有分神

的时候，为了避免分神，就要在工作中插入适当地休息，从而保证一旦开始工作，就专心致志。”

能够专注做事的员工是一个敬业的员工，更是一个能够将工作执行到位的优秀员工。为了保证工作的高效率，春晓在工作时心无旁骛地专注工作，在休息时心无旁骛地专注放松，这样张弛有度地工作是执行力强的员工才能够想出的办法，值得每一个企业员工学习和效仿。

任何一个企业都需要专注做事的员工。如果一个员工在工作时，注意力分散，时而被其他人和事所吸引，时而思考其他的事，这样工作效率一定会大打折扣，且分心时造成的疏漏会使工作无法执行到位。一个不能够专注做事的员工，很有可能在会议上将公司的决策听错或理解错误，从而在布置工作时出现偏差，使得公司决策无法正确得被执行下去，达不到预期的效果。

干一行，专一行是对员工的基本要求，是一个员工在职业生涯中取得成功的重要品质。如果一个企业领导不能做到专注做事，领域不清，目标不稳，三天两头地更改决策，变换策略，无疑会让员工抓不住关键，摸不着头脑，执行更不到位，企业也不会兴旺。如果一个员工不能做到专注做事，三心二意，就会顾此失彼，事倍功半，执行不到位，就不会得到老板的重用，也不会得到企业的欣赏。所以，只有专注做事的员工才能够把握住工作机会，才能把自己的职业道路开辟得深远宽广。

5 高效执行的关键就是狠抓结果

现代企业都十分重视员工的执行力，因为企业的兴旺发达赢在执行。

然而要提高企业的执行力，就要让员工树立“执行结果”的工作态度，执行以结果为目的，没有结果的执行是无效的，等同于无执行。高效执行的关键就在于狠抓结果，凭结果说话，凭结果出业绩。

“狠抓结果”是一种优异的工作表现，它不以“去做上司下发的任务”为终点，而是以“任务的圆满完成”为终点。这就是一种结果思维。一个员工应该明白企业要的是工作成果，而不是工作过程。即便我们在工作岗位上再兢兢业业，再任劳任怨，做不出业绩，做不出成果都难以在工作中取得进步，也不能为企业奉献出最大的力量。

结果是重要的，任何人的成就都是以其所做出的工作成果为评判的。如果不以结果为评判，那么世界上的大多数人都可以成为自己心目中理想的角色。如果你想升职，只是努力却做不出成果，可以吗？如果你想成为世人瞩目的运动员，只是努力却不能取得名次，可以吗？如果你想成为厂里的技术骨干，只是努力却不能解决实际的问题，可以吗？……没有结果，一切努力和付出都没有了值得嘉奖的根据和凭证；没有结果，一切工作都变得空洞无物，不明所以。

一个懂得“狠抓结果”的员工，在接到一项工作时，会立刻从全局入手，思考这份工作所要取得的结果，以及是否能够通过其他途径更好更快地完成，然后以结果为导向，全身心地投入到工作之中。而不是只照顾自己工作的那个局部，只满足于把自己的工作做完。

从前，有一对夫妻生下了三个男孩，这本是一件非常欣喜的事，但没想到这三兄弟都笨头笨脑的，这让这对夫妻既心疼又头疼。转眼间，这三兄弟都长大了。

一次，母亲叫三兄弟去市场上买菜，因为不放心，所以分别告诉了三兄弟各自的职责。母亲对老大说：“你是最大的，所以买菜的钱你来掌管。”母亲又对老二说：“你会挑蔬菜，所以买菜时你负责挑拣，记得要买半斤西红柿，半斤菠菜。”老三在旁边焦急地问：“妈妈，我负责什么呢？”母亲看着可爱的老幺儿，说：“你这个顽皮鬼就负责等着两个哥哥回来，然后跟我洗菜吧！”

这样，老大和老二出门了，老三在家里陪着妈妈。不一会儿，老大和老二就回来了，却两手空空。母亲非常疑惑，还没等她问为何没买到菜，老大就开口了："妈妈，这是买菜剩下的钱，我已经听你的话，把菜钱给了小贩，并把找零也拿回来了。"老二也赶忙说："妈妈，我也听了你的话，买了半斤西红柿和半斤菠菜。"

母亲笑了一下，紧接着问老大和老二："那么你们买的菜在哪里呢？"两兄弟异口同声地对母亲说："放在卖菜的小贩那里了，因为你并没有让我们把菜拎回来啊。"

母亲错愕，哑口无言……

这则寓言就是要说明狠抓结果的重要性。在工作中，不求结果，不以结果为目的去执行工作的员工就难免会成为买菜的两兄弟。现实中大部分工作都是需要团队成员分头进行的，但最终都是为了达成一个共同的目标，如果各成员只是各顾各的，就会影响到大目标的完成。

徐泽瑞和姜易如是一家汽车零部件销售单位的销售员。有一天，老板让他们两个亲自登门去回访客户，目的是通过客户的反馈了解一下公司所销售的汽车零部件存在着哪些问题，以及客户对公司有什么意见和建议。

徐泽瑞和姜易如接到上司的任务后就立即展开了工作，他们首先打电话预约，看客户什么时候有时间。而大部分客户都表示说没有时间，并且说没有什么意见，只是希望在配件的价格上能够有所优惠。徐泽瑞将自己的那部分名单上的客户逐个打电话进行了联系，了解到的就是上面的情况，他觉得，亲自登门实在是没有必要的，就把自己所得到的反馈意见告诉了老板。

姜易如自然也是得到了这个结果，但他想到还有一些客户现在同他们单位停止了合作关系，既然从这些合作的客户身上没有找到有价值的反馈意见，那么倒不如干脆去了解一下那些解除了合作关系的客户的意见，因为停止了合作一定是有原因的。

于是，姜易如就找到了以往客户的资料，热情地打电话过去了解他们对公司有什么看法和建议，还真得到了一些颇有价值的见解和信息。这样下来，姜易如也把自己了解到的情况向老板做了汇报。老板听后愣了一下，但马上露出了笑容，对姜易如说："工作做得不错！继续努力吧！"

后来，单位的销售经理辞职了，老板便将姜易如提升为销售经理。销售部在姜易如的带领下，创下了新的销售记录。

作为销售经理，姜易如经常对他的手下说："作为销售人员，要知道什么是工作结果，高效执行的关键就在于狠抓结果！"

姜易如之所以能受到老板的赏识，被提升为销售经理，是因为他在完成工作任务的时候能够做到狠抓结果，以完成结果为目标，具有高效的执行力。任何员工，只有知道了抓结果的重要性，才能不只是埋头做事，不抬头看路，才能把工作完成得更加出色，把决策更好地贯彻落实。

对于工作来说，什么是"结果"呢？简而言之，结果就是在一定时间内所做出的量化的指标。要把握住"狠抓结果"对于高效执行的意义，就应该明白以下这三个不等式：

第一，工作任务不等于结果。工作任务是企业、上司安排的实际工作内容，如果完成了，并且做到位了就等于取得了结果。而如果只是做了，却没有完成，更没有执行到位就是没有结果。比方说领导让我们交一份策划案，如果我们草草了事，只是应付，交上去的策划案根本不能用，那么就没有抓住结果，顶多算是完成了任务，却没有完成结果。所以，完成任务不是高效执行的关键，完成结果才能称之为执行到位。

第二，工作态度不等于结果。工作态度就是一个人对待工作是认真还是敷衍，是负责还是推脱，是不辞辛苦还是牢骚满腹。如果一个员工兢兢业业、尽职尽责地做工作，却无法拿出具体的成果，就等于没有执行到位，是缺乏超强执行力的表现。

第三，完成自己的工作不等于结果。每个人都有各自的工作职责，但企业的各项工作并不是分开的，而是一个整体，都是为了实现共同的目标和共同的结果。如果一个人不知道自己工作的这个环节对于整个工作的意义和效用，就不能做到高效执行。

6

接到任务,马上执行

成功学的创始人拿破仑·希尔曾说:“生活如同一盘棋,你的对手是时间,假如你行动前犹豫不决,或拖延行动,你将因时间过长而痛失良机,你的对手是不容许你犹豫不决的!”接到工作,马上执行,是一个优秀员工应该具有的优良工作品质,也是能够把工作做到最佳的好方法。一个企业的兴旺就在于企业中每一个员工都能改变对待工作的态度,以饱满的热情对待每一份工作,以立即着手开始行动为骄傲和自豪。拥有立即执行工作态度的员工可以为企业赢得兴旺的资本。

周庭宇毕业后来到一家装饰装修公司,担任设计师一职,主要负责为客户提供整体或局部空间的装饰装修设计方案和建议。工作半年之后,他对工作产生了懈怠情绪。

一次,他像往常一样接待客户,为客户提供符合其要求的最佳装修材料和装修工艺,上门进行测量、估价之后回公司准备设计图纸。测量当天,周庭宇回到公司后,被经理叫过去谈话,等他从经理办公室出来,他感觉这一天很累,看了看今天的客户资料,心想离开工期还有一段时间,可以晚一点儿再绘制图纸。就这样,直到下班,他都坐在电脑前,也没有开始为客户做效果图。

第二天,他坐到办公桌前,查看客户资料,按照先前了解的装修风格准备为客户做出效果图。另外他还需要绘制出9张基本平面图,还要标好尺寸以便工人施工。可是在绘制过程中,他并不能完全地投入,经常被各种事情干扰。他对待这些干扰的态度就是无所谓,反正距离开工日期还有一段时间。就这样,他把这项工作无限期地拖延了下去，越拖延越不想做，甚至没有心情把剩余的图纸绘制完。

转眼间，离开工日期只有五天了，而公司要求在开工前三天就要做完所有的施工图纸，并经过部门审核和客户签字之后才可以施工。这样他就只有两天的时间来做施工图和效果图了。这时，他才着急起来，起早贪黑地赶图纸，并因为心里焦急，来不及仔细思考，就完全按着记忆的惯性来绘制，终于在开工前的第三天交上了施工图。部门审核时并没有发现什么差错也签字认可了。本以为这就过去了，可是没有想到的是，当客户拿到这份效果图时，却无法认同，提出了一些问题，要求周庭宇改进。就这样，这份工作任务并没有就此完成，他的拖延导致了不能尽全力做好这份工作任务，也无法让客户满意，只有重新做。他也因此使得总经理很生气，认为他对待这份工作没有尽心尽力，没有负起责任。

有了这次教训，周庭宇再也不敢将任务一再推脱下去了。他郑重地在工作日志上写下："接到工作，要马上执行"。

周庭宇做的是设计工作，他没有在接到工作后，就立马展开行动，而是给自己找了种种借口将工作一拖再拖，拖到最后只能草草应付完成。如果我们不能在接到一项工作时，立马着手开展工作，那么很有可能会导致疏漏或遗忘，任务不能按期上交，对自己和企业没有任何益处。

企业的兴旺需要执行力强的员工，需要在接到任务后，立马就开始行动的员工。立即执行的员工，能够尽快掌握工作要领，并以最快的速度执行，得出成果。我们在尽全力完成工作之后会拥有满满的成就感，回忆起在工作中克服困难和阻碍的场面就感到骄傲和自豪，进而拥有更强大的工作动力。不拖延的员工，能够调整自己的情绪状态和身体状态来迎合工作，能够保持清晰的思路去对待每一份工作，能够从每一份工作中获得成长和进步。这样的员工，作为企业的一分子，是企业兴旺的财富。如果企业中每一位员工都能做到立即执行，不拖延懈怠，是企业兴旺的最大资本。

很多人懂得立马执行的重要性，因为他们已经饱尝了由于自己的拖延，使得工作无法按期完成的恶果。戒除拖延恶习，最直接最彻底的方法就是养成“不把今天的工作放到明天去做”的好习惯，今日事今日毕，有时还不妨给自己小以惩戒，记住不要养成拖延的恶习。

另外，当上司交给我们一项难以解决的工作任务时，可能一时之间感觉无从下手，需要做一番准备工作，这都是没有关系的，不会影响到工作进程。在接受任务之后，我们可以先思考一下问题所在，如果有不清楚的地方可以及时向上司咨询，可以寻求来自企业方面的支持，得到可供完成工作所使用的工具和资源。这样，我们就可以有效地做出工作规划，保证工作按进度完成，同时也有效地提高了执行力。

“一接到工作，就马上动手，绝不拖延”，这是很多企业得以兴旺的经验之谈。这个成功的经验，适合于任何团队、任何企业，甚至任何人。拖延是成功的敌人，如果现在拖延就一定会给明天留下祸患，不能抓住时机立即行动，必将付出更大的代价。做一个立即执行的员工，必须懂得立即执行的重要性以及拖延的恶劣影响，还要注意自我调整，要记住“今日事今日毕”，否则，“万事成蹉跎”。拥有超强的执行力的员工，是企业兴旺的最大资本。

第七章

重在敬业：足够敬业的我们，就是企业快速发展的推动者

企业的兴旺是员工的责任。只有以敬业之心工作，才能推动企业的快速发展。敬业的员工是企业兴旺的奠基人，他们能够热爱自己的工作，忠于自己的企业，对工作有一种使命感和责任感，力求把工作做到精益求精、完美无缺。敬业的员工用勤劳、忠诚、专注、自律、负责等优秀品质，谱写着工作的华章，成为企业快速发展的推动者。

1

敬业的员工是企业兴旺的“奠基人”

敬业是一个道德范畴的词汇，它所表达的意思就是一个人能够热爱自己的工作，能够对自己的工作负责，能够竭尽所能地把工作做好的态度。敬业是优秀的道德品质，但凡敬业的人，工作的机遇都不会太差。无论我们身处何地，都应该怀有敬业精神。只有拥有敬业精神，一个人才能从工作中找到更多乐趣。企业更加需要敬业的员工，来展现对工作的一片热忱，彰显工作的意义，进而将工作做得更好更出色，推动企业快速发展。

敬业的员工是企业兴旺的“奠基人”。敬业的员工时刻都充满热情与朝气，不但会尽职尽责，全身心地投入到工作中，而且从他们身上，我们可以看到工作是快乐的源泉，是生活谱写的欢歌。所以说，敬业的员工更好地发挥出了一种榜样和示范作用。这也是他们被企业器重的重要因素之一。

在完成了120个小时的使命后，“嫦娥二号”卫星连同最后的绚烂，永远地留在了遥远的月球上。为“嫦娥二号”卫星发射做出重大贡献的科学家罗巧军，是中国航天科技集团公司六院北京11所“长三甲”系列运载火箭的副总设计师。

罗巧军1989年进入北京11所后，在该所5室涡轮泵组担任设计员。她专业基础比较好，记忆力也非常好，而且把敬业工作当作自己的使命。她努力掌握业务知识，不懂的问题会及时向老专家咨询，也会悉心听取同事的意见，所以，她在工作上的进步非常快，长期与发动机打交道，也逐渐形成了一套自己的工作方法。

2007 年，“长三甲”系列火箭发射任务频繁，发动机生产、试验和发动机 04 批抽检试车工作同时展开。罗巧军陀螺般地忙碌在生产、试验一线和发射场。由于 04 批抽检试车比进度期晚了 4 个月，其中还出现了七个问题，罗巧军带领着研制队伍认真地复查。她加班加点、夜以继日地工作，在五一长假期间，她一周就瘦了六斤。

2010 年“长三甲”系列火箭进入高密度发射的第二阶段，其中“嫦娥二号”的发射工程在其中占有关键地位。平日里的罗巧军特别平易近人，但在工作中她非常认真细致，一丝不苟，有时还会有点较真儿。特别是在技术问题面前，她特别严肃，不肯放过一丝一毫的差错。由于“嫦娥二号”任务所用的发动机与“长三乙遥八”火箭发动机是同一批次，发动机“归零”措施要应用在“嫦娥二号”飞行中，所以，“嫦娥二号”用发动机共有 5 项技术状态变化。对于这项工作，罗巧军高度重视，她严格要求质量复查工作和举一反三工作。对研制队伍更是反复强调，要求他们严上加严，细上加细，不放过任何一个疑点。除此之外，她还逐字逐句地修改每一份文件和每一份报告。

罗巧军严格要求自己，每次发射必须去试验场，每次试车必须到试验站，每次上下班时必须到室里看看研制队伍。正是由于这“三个必须”，她把本来所剩不多的业余时间挤得更少了。她没有时间陪伴家人，对家人一直都充满了深深的歉疚之情。

尽管她为人低调，把成绩归功于研制队伍，但也难以埋没她的努力和付出。她满怀着敬业精神，把每一次工作上的难关都当成一场能力的锻炼与挑战，从未惧怕和妥协。她虽然是一个柔弱的女子，却承载着一般人难以承受的艰辛与波折。正是一颗敬业的心让她变得坚强、自信和勇敢，也正是这颗敬业的心，使得她在自己的事业生涯中硕果累累。

勤奋、忠诚、责任、认真、踏实等等都是敬业的表现。一个敬业的人一定能够在工作中取得优异的业绩，获得上司和企业的信任，并被委以重任。罗巧军从1989年进入北京11所工作开始，在这22年的工作生涯中，一直秉承着敬业之心，尽职尽责地工作在自己的岗位上。面对压力和困难，她没有放弃，而是迎难而上，不能不让人心生敬佩之情。如果企业的员工都能以这等敬业之心投身于自己的工作中，那么企业的兴旺一定指日可待。

工作是人的天职，无论是富甲一方还是穷途末路，都需要工作。工作向来不分高低贵贱，体力工作和脑力工作从来都是各有千秋，任何人都不应该以任何借口抹杀自己的敬业之心。因为敬业，所以热爱，所以工作是快乐的。热爱自己的工作，激发自身的活力，发挥出自身最大的潜能，展示自己的创造力，这些都是非常美好的事情。

美国石油大王约翰·洛克菲勒曾经说过："除了工作，没有其他任何活动能提供如此高度的充实自我、表达自我的机会，也没有哪项活动能提供如此强烈的个人使命感和一种活着的理由。"敬业的员工能够明白，对企业负责就是对自己负责，敬业更是一种使命。

31岁的林文子没有任何汽车产业的工作背景，却毅然进入了日本本田公司，做起了一名汽车销售人员。许多人都嘲讽她说："做销售，可不只是靠嘴上会说，如果没有常识也只会让人嘲笑。"面对责难，她没有害怕也没有放弃，她相信凭自己的努力一定可以把这份工作做好，她要用行动和业绩为自己做出回应。

于是，她兢兢业业地投身于自己的岗位上，并买来了厚厚的专业书籍，一有空闲就抓紧学习理论知识。此外，在工作中，她还虚心地向同事学习，每次有同事给顾客介绍车型、车的性能等相关内容时，她都会聚精会神地听，默默记下同事的话，并做到烂熟于胸。她认真刻苦地学习相关业务知识，常常达到废寝忘食的程度。

林文子坚信：只要能以最短的时间将销售工作做好，就一定能取得优秀的工作业绩，成为企业兴旺的“奠基人”，推动企业兴旺发展。她想与其懒散、埋怨，倒不如珍惜光阴，奋发工作。最终，她的努力没有白费，她一跃成为了公司业绩最好的销售员。

有一次，林文子的小侄女见到她热情、耐心地招待一位老先生，任由那位老先生说了一上午都没有一丝的厌烦，便感到很疑惑。等那位老先生走后，她便忍不住问林文子：“姑姑，那个老头儿不是来买汽车的吗？为什么唠叨起来没完没了，我都感到烦得要快睡着了，你怎么一点儿也不感到厌烦，还能对他那么客气呢？”林文子听了小侄女的话，笑了笑，解释道：“那位老先生是我的客人。对于任何人来说，买车都是人生中的大事，需要认真对待。我作为一名销售人员，因为卖车而在茫茫的人海中与客人相遇，能够聆听他们为了买车而努力工作并在自己的事业上获得了成功的故事，真的是既为他们感到高兴，又能激发自己的工作动力。姑姑我就是向客人销售汽车的，怎么会烦这些顾客呢？”

林文子认为“带着强烈的爱去敬业，就是对工作能力的最有益的补充”。她凭借着自己的敬业精神，在汽车销售工作领域始终保持着每年100辆的最佳销售业绩。她越做越好，并获得了企业的嘉奖和鼓励，以及晋升的机会。

《华尔街时报》曾这样评价林文子：“林文子一心一意奋斗在销售行业，她的敬业精神和工作业绩在男本位的日本商界显得尤为可贵。”是的，林文子把敬业当成自己的使命，工作也果然给她带来了使命感和神圣感，并指引她朝着成功的方向迈进。林文子不仅给自己带来了成功，也推动了企业的进步和发展。

有人曾说：“从根本上说，工作不是一个关于干什么事和得到多少报酬的问题，而是一个关乎生命的问题。工作就是付出努力，正是为了成就什么或者获得什么我们才会专注什么，并在那个方面付出努力。所以从本质而言，工作不是我们为了谋生才做的事，而是我们要用生命去做的事。”每一个人都应该学会热爱自己的工作，即便这份工作现在不是很满意，也应该学会热爱它，对它负责。只有热爱自己的工作，才能心生崇敬和尊重，才能以敬业之心工作，才能成为企业兴旺的奠基人。

2

敬业就是要追求工作“零缺陷”

敬业是一种高贵的个人品质，它要求员工能够明确工作目标，抱着一种朴素的价值观，在工作中忘我地投入，认真负责。一个敬业的员工，首先是一个能达成工作零缺陷的员工。只有在单调重复的工作中能够做到百分之百的完美，投入最大热情的人，才算是真正敬业的员工。

对待工作，并不是我们付出一点儿，就能够收获一点儿。优秀的工作成果常常需要通过量的积累从而达到质的飞跃。从量变到质变的这个过程，就需要员工努力将工作做到零缺陷，竭尽全力地完成每一项工作任务。在零缺陷的标准要求下，员工才会避免因一点点的欠缺导致的产品不合格或是服务不合格，才会避免更多的不完美。

对于员工来说，敬业的标准必须是高目标、高质量的，绝对不可以是“差不多就好”的工作标准。任何时候，工作都要力求满足生产过程的全部要求，努力将工作做到最好，不留遗憾，做到零缺陷。零缺陷的工作要求员工对生产的每一个环节都要严格把关。从生产中的每一道工序，到每一个零件的配备都不能出现差错，以保证交到客户手上的最终产品是质量合格的，毫无瑕疵的。

没有想不到，只有做不到。请不要总是满足于98%或是99%的产品合格率，任何一家公司都可以保证产品达到100%的合格。零缺陷的心态就要不怕犯错误，不怕改正错误，从而达到一种不走重复路，不犯重复错误的程度。

有一家电子加工企业，在最近几年凭借着成功的营销策略将市场做得非常红火，不仅企业名声逐渐传播开来，订单更以每年40%的速度增加。为了扩大生产，企业每年都要引进大量的生产设备和大规模招聘新的员工。可是，时间一长，管理上的问题就逐渐显现出来了。因为工厂生产的产品合格率过低，工人不得不重复加工相同的产品，导致工期的延误，影响到合同的正常执行。而且业务部门有很多客户，因为害怕无法按期完成，也只能取消订单，最后好多客户都流失掉了。

为此，老板多次召开公司会议讨论应对方案。很多中高层领导愁眉不展，只是说随着规模扩大，生产中资金成本、人力成本还有时间成本的增加是正常现象，却不能提出最适宜的解决办法。最后，一名来自生产一线的技术人员提出了自己的想法，他说："取消不合格产品返工的过程，将合格率直接和员工的奖金挂钩，以保证员工在生产中尽量提高产品的合格率，进而压缩生产线上的时间成本。"

公司高层刚开始并不同意这种做法。因为取消返工流程，就意味着员工需要带着更大的压力进行生产，从企业目前的情况来看，根本就是不可能的事情。可是，在众说纷纭，毫无头绪的情况下，老总还是决定试试看。不到两个月的时间，结果出乎所有人的意料。员工们的生产压力的确变大了，但保证了一次就把工作做到完美，少了事后弥补的过程，反而让整个生产流程变得简单，这样下来不仅生产效率有所提高，生产质量还得以保证。半年过去了，企业的订单开始源源不断地涌来，企业的发展实现了原本"不可能"的飞跃。

从这个故事我们可以看到，工作中的零缺陷并不是不可能达到的境界，它只是员工敬业态度的另一种体现。与其说工作零缺陷是一种理想的工作状态，不如说这是一种员工对于工作的高度追求。

论语有云："取乎其上，得乎其中；取乎其中，得乎其下；取乎其下，则无所得矣。"意思就是说，如果将目标定得高一点儿，可能会取得中等的成绩；如果一开始就将目标定在了中等水平，最后只能取得下一等的成绩；如果你把目标定在下等，最后可能什么都得不到。

在实际生产中，我们可以将这种"取乎其上"看作是将工作零缺陷定位目标，这种高标准的目标可以激发工作动力和斗志，催生高度的责任感，从而在工作中收获不凡的成绩。一个仅仅只能抱着"差不多就行"、"得过且过"的态度工作的员工，只能是敷衍了事地应付工作，不可能做出出色的业绩，更不可能有什么大的成就。

高昊是一家汽车生产企业的高层，今天的成就也是他当初从一名普通的员工一点一点努力干起来的。通过生产车间地不断磨砺，多层锻炼，加之他对自己的严格要求，工作后的第十二个年头，他便升任了生产部门总领班的职位，成为公司历史上最年轻的总领班。然而当初，他在公司的生产一线一直徘徊的时候，却被众多人质疑他的能力。

刚刚进入汽车生产公司的高昊在椅垫部门，不久之后就被调到了焊接部，刚熟悉了焊接部的工作之后，却又被调到车床部。不到五年的时间，他几乎做遍了生产部门的各个岗位。他每次更换部门，都为自己制订"零失误、零缺陷"的工作要求，在任何岗位都要百分之百合格地完成工作，认真地完成每一个零部件的生产。

对于儿子频繁地更换工作，高昊的父亲一直很担心。有一天，父亲对高昊说："你在这家公司已经工作五年了，可是还在做生产一线上的工作，你再这样混下去，会耽误自己的前途的！"

面对父亲的担心，高昊向家人说明了自己的想法："我并不是想要当某一个部门的经理，我的理想是管理整个工厂，所以就需要对生产的各个步骤都有所了解，而一部汽车从零件生产到最后的装配，需要十几个部门，我要做的就是用最短的时间了解这个制作的流程。学到这些东西没有捷径，必须亲自到生产一线去，从一个最基层的工人开始做，才能保证对汽车的全部制造过程有深刻的了解。”

听了高昊的设想，父亲才放心让他继续在车间工作。又过了几年，高昊觉得自己已经完全掌握了汽车的生产流程，于是他开始寻找机会，展现自己的管理才能。在装配线上崭露头角之后，他被升为装配线的领班，继而成为各个生产线领班的总领班。他的下一个目标是升到经理的职位。相信，在他的精心规划下，不久的将来他的目标一定会实现。

工作零缺陷听起来很神奇，看似难度很高。其实，任何一个完美的工作成果，都是由一个简单的完美环节组成的。在工作中，将工作分成不同的段落，将每个段落都做到最好，做到“零缺陷”，可以帮助我们在平凡中超越他人，从而体现出既有效率又有效果的敬业。

随着社会不断地发展，精细的分工要求越来越高。每一名员工都应该树立零缺陷的工作理念，把手头上的小事做好，把简单的事情做到极致，把细节做精，做一个敬业、负责的优秀员工，成为企业兴旺发展的推动者。

3 敬业必须精业，精业才能干得更好

随着时代地不断变化，在日益激烈的竞争环境下，员工仅仅具有敬业精神是不足以应对考验的。员工在敬业的同时，必须做到精业，敬业的员工可以按时完成工作任务，精业才能把工作干得更好。企业在不断提倡员工敬业的同时，也在逐渐营造出精业工作的氛围，让所有的员工能够在

敬业的基础上,将工作精益求精地完成,得到更出色、更完美的成绩。这样企业才可以在众多的竞争与挑战中取得先机,实现自我发展。

敬业必须精业,这是所有员工必须清醒认识到的一个工作理念。在讲求效率,按照绩效考核员工水平的企业制度中,对于员工来说,谁能够效率高、质量好地完成工作,谁能够为企业创造更多的利润和价值,谁便具有了不可替代的能力。对于企业来说,员工的敬业精神必不可少,精业态度更是锦上添花。员工要想获得事业上的长青,在更宽广的道路上拥抱机遇,就需要训练自己敬业又精业,在获得企业肯定的同时,在行业内创造更高的成绩。

刚刚改革开放的几年,我国南方各地纷纷进入一个躁动而充满诱惑的时期,更多的人都将金钱和财富当成衡量人生价值的标尺。在很多人先后下海经商的同时,也出现了许多“当工人没出息”的声音。那时邓建军刚刚从一所中专学校毕业,进入常州纺织公司,打算成为一名纺织行业的电气工人。当时的他没有任何闪光的地方能够使自己成为焦点,他只是面容亲善,常常带着微笑地跟厂里的同事问好。

平淡的工作生活一天天地重复着,邓建军却并没有在这平静的生活中迷失方向。他从毕业那一天起就下定决心要成为一名技术一流的工人,他从来没有放弃这个理想,在心底里始终朝着这个目标努力着。

邓建军刚进入企业不久,企业就开始兼并扩张,在不断变化的行业格局中寻找新的机遇。在兼并第一家纺织企业后,从生产线上得到了几十台先进的进口剑杆织机设备,企业看到了这些先进设备背后隐藏的价值,便迫不及待地希望机器能够运转起来,尽快给企业带来效益。可是,面对年久不用的设备,检修就成了首先要解决的重大问题。

当时的维修工对织机设备做了初步检修,下结论说至少要半年才能修好之后,最后公司的老总决定让久有称赞之声的邓建军尝试一下,同时也算是对这个年轻人进行一次考验。

邓建军在接到领导的安排后，一点儿都不含糊。第二天就带着工友们一起去设备车间准备维修了。当他满怀着信心来到机器面前时，一下子傻眼了。虽说是进口的纺织机器，可是没人用，也没有人保养，电路板黑乎乎地变成一堆乱麻，甚至连线路板的原理图都不知下落。为了能够充分掌握机器的构造原理，方便日后的维修工作，邓建军只好先从制图开始。

邓建军每天一大早就守在织机旁边观察，记录上千个接点和线路分布，常常一干就是十几个小时。就这样坚持了一个多月，几十台织机又重新运转了起来，其他维修工准备花半年完成的工作，他只用了一个多月。公司的老总听到消息后甚是高兴，从此他也彻底相信了周围人对邓建军的评价。在之后的工作中，邓建军更是接二连三地给老总带来惊喜，帮助企业得到了迅猛的发展。

在众多的生产线中，牛仔布的染色是一个非常困难的问题。因为每次染色，都会因为环境条件变化，造成几百米染色不均的废布，而且每次迫于温度、湿度等原因被迫停车造成的损失也高达几千元，这无形中增加了很多生产成本，还会严重影响生产的进度。

邓建军将这一切都看在眼里，他在脑子里一直想着机器生产的过程，每天逐一分析寻找解决的方法。经过再三考量，他提出了改直流调速为变频调速的设想。经过了漫长的方案设计之后，他设计的新设备终于要进行试车了。可是，开车之后，变频器接二连三地炸裂，这给邓建军施加了很大的压力。一个变频器的成本要四五千，这样连续炸裂几个就是好几万的损失啊！

第一次的试车失败后，邓建军就天天泡在车间里，查找问题出现的原因。经过细致地排查和分析，得出结论是变频器的质量存在问题。在更改了变频器之后，试车终于成功了。邓建军和他的工友也终于可以松了一口气。

时光匆匆逝去，转眼邓建军已经工作了十七年。如今的邓建军虽然已经是全国“五一劳动奖章”、新世纪全国首批“能工巧匠”、江苏省新长征突击手等众多荣誉的获得者，但他却依然保持微笑，在工厂里亲切地问候各位同事。对于过去的累累成绩，他也不过轻描淡写地说一句：“做一个好工人，值！”

邓建军属于既敬业又精业的员工，他能够在外界一片喧嚣浮华中抱定心中的想法，踏踏实实地投入工作，并且在遇到问题，遇到挑战的时候，能够迎难而上，克服一切困难解决生产中的问题，最后成为技工中的精英人士。

目前，企业中的许多职位都是技术含量越来越高，与公司的发展息息相关的岗位，因此只有具备敬业精神，同时又能够精业的员工才会成为企业最需要的人才。

世界上的很多公司都以精业与否的标准对员工进行提升，进而提升企业的整体竞争力。那些很少注重工作的精进，虽也能勤奋工作，但过多将精力关注在人事，关注在报酬薪水上的员工，很少能够反省工作的效率和效益，也不会跟着外界环境的变化不断地完善自己，提升竞争力。这样的员工在不断精细化、规范化的企业发展中，很容易被不断发展的潮流淘汰。

员工想要在职场上获得长久、良性的发展，一定要注重敬业品质的培养和精业能力的培养。作为企业中的员工，能够认真负责地敬业工作固然很关键，但是努力提高工作能力，提升个人的综合素质，带着敬业的精神上升到精业的水平上去，才是员工在企业立足的根本。优秀的员工，应该在敬业的同时达到精业，在精业的同时达到创新工作，不断地完善工作能力，在岗位上创造一番成就。

4

再平凡的工作，也需要敬业精神

虽然工作没有高低贵贱之分，但是有些人还是怀着这山望着那山高的心态，认为自己的工作始终没有那么好，所在企业始终都是逊色于别人的。其实，工作都是一样的，即使在平凡的岗位上，一个敬业的员工也完全可以创造出不平凡的业绩，也可以因为自己的努力而使这个平凡的工作变得不平凡。因此，再平凡的工作，也需要敬业精神。

不论现在从事的工作如何，我们都应该热爱自己的工作，并把工作看成是高尚和崇高的，怀着使命感敬业地工作，倾尽全力也要把工作做好。毕业于美国西点军校、曾为通泰电子集团首席执行官的约翰·克林顿说："我经常强调，在公司中无论你是什么身份，是贵为CEO，还是身为普通的员工，都要看重自己所从事的工作，否定自己的工作是个巨大的错误。"

赵琴芳是江苏华鹏变压器有限公司变二车间叠片班的一名叠片工人。1998年她从溧阳职高毕业后就进入到华鹏工作，在这13年中，她始终谦虚好学、吃苦耐劳地工作着。虽然在外人看来她的工作既普通又无聊，但她从未轻视过自己的工作。她相信，在平凡的岗位上一样可以创造出不平凡的业绩。

有人说，赵琴芳的工作经历可以用"十年磨一剑，厚积而薄发"来形容。的确，在枯燥乏味的叠片工作中，她不断地提高自己的技术水平，同时非常注重工作效率的提高。终于功夫不负有心人，她从一名普通的叠片工人成长为一名全公司标杆的优秀班长，还连续多年获得公司优秀员工的称号。

赵琴芳是在2009年1月当选为华鹏叠片班班长的。在这之前，她已经在普通工人的岗位上坚守了十年，她以忠诚和敬业证明了自己的不平凡。

1998年，那时一个新的叠片工人至少要给师父打一半下手才可以开始独立操作。在给师父打下手时，赵琴芳虚心学习请教，认真地掌握着各项技能，并主动向师父请教在工作中遇到的问题。通过她的努力学习，仅半个月时间她的工作水平就获得了很大提高，然而，她并没有心浮气躁，仍然虚心地配合师父工作，不断地巩固着自己的技能，还尽心尽力地帮助师父把工作做好。一年的打下手时间过去后，她开始独立操作。让大家没有想到的是，她叠片的速度已经远远超过了师父的速度，而且叠得非常好。

2009年，华鹏公司为抢占配变市场，进行产品结构调整，改变了销售策略。公司提高了配变车间的月产量指标，由之前的每月四五百台提高到了每月一千台，却没有增加多少人力，且增加的员工中新手占了一大半，这就使得很多老员工非常不满，常常会发牢骚。作为班长的赵琴芳，看在眼里急在心里，最后她想出了一个解决办法。她采取了一系列激励员工的方法，包括劳动竞赛、超产工时翻倍等，并且以身作则，和员工一起加班加点地工作。在工作中，她不怕吃苦地工作精神，使得很多员工非常钦佩。这样，在她的带领下，叠片班终于按公司的要求完成了生产任务，她本人更是超额完成了工作任务。在赵琴芳当班长不到一年的时间里，她所在的叠片班两次获得公司“最佳班组”的殊荣，在部门考核中也两次达到95分以上，这样的业绩在公司中是非常罕见的。

为了保证员工既不耽误休息，又能多做工作，赵琴芳一直琢磨着如何提高工作效率。每天在下班前她会把第二天的工作计划做好，并公布出来，以便员工能够将预备工作做好。她还每天早早来到公司，帮助员工安排工作进程，做好工作规划，以便每个员工都能更好地发挥工作积极性，工作效率能得到更好地提升。此外，她还会与上下道工序进行沟通，争取提前一天准备好所需要的零部件。这样下来，员工节省了准备时间，工作效率得到了很大的提高。叠片班的员工们都说："在叠片班工作，虽然累点儿，但有冲劲、有热情、也有奔头。"

赵琴芳经常用这句话激励年轻的员工："你不比别人少一根手指，别人能做到的我相信你也能做到！"为了提高生产质量，她主动牺牲自己的休息时间，手把手地教年轻员工如何操作，不厌其烦地详细讲解和指导。为保证新员工能尽快独立操作，赵琴芳毫无保留地向新员工传授着她自己十年来所积累的经验和技巧。这样使得班组的员工非常感动，都说赵琴芳是一个无私的老师傅。赵琴芳所在的班组成为了一个团结的班组，一个一流的班组，不断为公司创造出优秀的业绩。赵琴芳本人也被公司评为2009年度"最佳班长"。

赵琴芳在普通的岗位上，却能够创造出不平凡的工作业绩，这些全都可以归功于她的敬业精神。一个员工，只有在工作中爱岗敬业，勤劳肯干，才可能创造出让人钦佩的成就。

"以前在电视上经常看到大上海是多么繁华，我觉得自己能在那里有一份工作是很幸运的事情。"能自信地说出这句话的人是李影，一个过早体会到生活艰辛的女孩。

李影很小的时候，母亲就去世了。父亲承载着生活的压力，迫于生计而四处奔波。在别人看来，李影的生活是凄凉的，而这个坚强的女孩却不这样认为，她平时里是爱说爱笑的，对生活她充满了希望。

17岁时，李影辍学了。她带着家里凑来的200元钱，和两个同学一起从江苏来到了上海打工，她从小就知道，"要多做点事，贴补家用"。

李影不管在哪里打工，总是愿意比别人付出更多的汗水和辛劳，她总是认为自己的知识不足，能力欠缺，所以理应勤快些，吃苦些。这样，她在工作中总是最不惜力的，而工资也是最多的。

几经周折，后来在老乡的介绍下，她进入了一家纺织厂做挡车学徒工。虽然每个月只有200元的工资收入，但这也让李影很开心，因为200元钱对她来说可不是个小数目，而且和之前的工作不同的是，她可以学点儿技术，以后挣的钱也会多些。回想起当时工作的场景，李影说："当机器都开着的时候，车间里热得连眼睛都睁不开，机器轰隆隆地响，回到宿舍，耳朵里还是嗡嗡的。"面对这样艰苦的工作环境，李影的一个同学在一周之后就不干了，而另一个同学也在两个多月之后选择了放弃。然而李影却一直坚持着，她非常羡慕师傅每个月能有一千多元的收入，她相信只要自己肯努力，有朝一日就一定可以像师傅那样拿那么多的薪水。对于加班，其他员工都很不乐意，李影却非常愿意，因为每加一个班就可以有九块多的收入，可以让她的家人改善一下生活了。

2005年，李影应聘到上海闸北区环灵石环境卫生工程有限公司，做起了沪太路龙潭小区的一名公厕管理员。这让她的亲朋好友，包括她的丈夫在内都感到不可思议，连社区的居民们也都觉得一个年轻的小姑娘怎么能做得了公厕管理员呢？可是倔强的李影却不以为然，她相信自己一定可以做好这份工作。

刚开始时，看到公厕脏得一塌糊涂，李影会吃不下饭。她努力地适应着这个恶劣的环境，并想着改善的办法。她想只要每天坚持清扫，公厕的卫生环境一定会得到改善的。于是她坚持一天几次的细致地清扫，现在小区的公厕是干干净净，再也闻不到臭味，就连苍蝇也渐渐减少了。李影看到厕所被自己收拾得干干净净，心里充满了自豪感和成就感。

在上海有一种打扫公厕的"李影式跟踪法"，就是源于李影的工作实践。她不像其他公厕管理员那样，一天或几天才清扫一次，而是在每个客人如厕之后都会进去打扫。"我希望每位客人如厕时都能有一个干净的环境。如果客人抱怨公厕清扫卫生糟糕，我就会觉得心里不踏实。"李影朴实的话语中充满了敬业之情。

为了使公厕焕发出生机，李影特意买来了盆景花卉装饰；为了让社区的残疾人轮椅方便地进出厕所，她用水泥路代替了原来厕所门口的泥路；为了防止人意外滑倒，她在在公厕内贴上了“小心地滑”的提示语；为了消除公厕的异味，她在公厕内点起了檀香；为了干净卫生，她还在公厕内摆上了洗手液……社区居民们看到公厕所发生的改变，特意联名给环卫公司写了一封表扬信。

公司看到李影认真负责地工作，将她提升为了公司公厕班班长。2007年，李影管理的公厕被评为上海的十佳文明窗口。

在这个平凡的工作岗位上，李影获得了全国优秀农民工、全国五一劳动奖章、全国道德模范等多种荣誉称号。面对着众多荣誉，她却说感到很惭愧，她觉得自己并没有做什么。

李影是一个坚强而乐观的女孩，她以敬业之心，在平凡的公厕管理员岗位上做出了不平凡的业绩，让人们油然生出敬意。从以上两个案例中，人们都应该明白一个道理：再平凡的岗位也需要敬业精神。只有敬业，能够让我们在任何工作岗位上都取得非凡的成就，为企业的兴旺贡献力量。

其实，在现实生活中，平凡的岗位是最多的，构成了人们生活的基础，为人们提供了最基本的服务。越是平凡的岗位，才越容易做出成绩。千万不要认为自己的工作过于平凡和普通，就可以敷衍了事或藐视自己的工作。

每一个员工都应该明白一个道理：凭敬业之心，才可以使平凡的岗位变得不平凡。而没有敬业之心，即使在非凡的岗位上，也早晚会失败。只要保持敬业之心，尽职尽责地坚守在自己的工作岗位上，勤奋踏实，不断地战胜工作中的困难，提升自己的工作能力，就一定可以取得成功，成为企业快速发展的推动者。

5

勤奋是敬业最好的诠释

勤奋是中华民族优良的传统美德，每一个中国人从小就被教育要勤劳，好吃懒做是最为人所耻的坏习惯。现今，大多数国人都在通过自己勤劳的双手耕耘着自己的衣食住行，织绘着自己的似锦前程。勤奋虽然是一个古老的话题，却是一个永不过时的成功真谛。勤奋存在于广阔的生活中，更存在于普遍的工作中。

勤奋是敬业最好的诠释。勤劳、肯干、刻苦的员工，总是不断丰富着自己的专业知识，提升着自己的业务技能，为企业的发展出谋划策及提供必不可少的助力，同时为自己的事业发展铺平道路。

文学家说："勤奋会教你开启文学圣殿之门。"科学家说："勤奋会教你变得越来越聪慧。"政治家说："勤奋能够成为理想的奠基石。"数学家说："勤奋会教你把脑袋的齿轮磨得越来越光滑，运转起来越来越迅速。"艺术家说："勤奋会教你如何获得创造的灵感。"

企业的兴旺需要敬业的员工，而勤奋就是敬业最好的诠释。我们因为热爱自己的工作并想通过努力工作使企业得到发展，所以一定会倾注全力投身于自己的工作中。一个敬业的员工一定是勤劳的，他会把握住自己的命运，通过掌握更多的专业知识提高自己的业务技能，并使自己在工作上越来越专业。

黎秀芬从小就非常勤奋。在读书时，她能够起早贪黑地背诵课文，识记单词，反复地进行数学演算。她总是把功课做得又工整又出色，所以每次考试都名列前茅，是家长和老师心目中的好孩子，也是同学眼中竞相模仿和超越的对象。

都说勤奋是从小就养成的好习惯，的确如此。黎秀芬参加工作后，也是一个勤奋的人。每天她都会提前到达公司，打扫好卫生，整理好资料，从未迟到过。她起初只是一个小职员，每天都能够把自己的工作完成，从不会推到第二天去做，同时她的勤劳给老板留下了深刻的印象。

黎秀芬所在的公司是一家培训机构，一些重要课程的文字记载经常需要外聘速记员来进行整理，黎秀芬看到这样的弊端，就打算自己学习速记。她就报名参加了速记师培训班，每周有三天晚上是这个培训班开课的时间，黎秀芬需要在下班后立马赶到课堂上听速记师的课程，虽然很辛苦，但她并没有放弃。就这样，她最终考下了速记师资格证，但这只是一个证书而已。她深知自己没有速记的从业经历，且知识储备也非常不足，于是，就继续利用晚上时间阅读专业书籍并进行练习。

一次，外聘的速记员临时有事无法来为公司记录讲课内容，而讲课的文字资料需要在当天下班前就整理好，这可使负责人犯难了。因为就算临时找其他速记员，或者把音频资料发给速记员都很耽误时间。这时，黎秀芬主动请缨，说明自己能够进行速记。由于当时还没有速录机，所以速记是很辛苦的。但因为黎秀芬已经掌握了速记的诀窍和方法，所以整个记录过程都很顺畅。这一次，黎秀芬帮了公司的大忙。

后来，经理了解到了黎秀芬为速记工作所做出的努力，又鉴于她平时出色的工作表现，就将她提升为了部门主管。现在黎秀芬在新的工作岗位上继续认真地为企业贡献着自己的力量。

黎秀芬是一个勤奋的人，更是一个敬业的员工。她用自己勤奋的头脑和双手演绎了自己的敬业之心，使企业获益。企业的兴旺离不开这样的员工，企业所取得的成功是这些员工的智慧和勤劳的结果。即使能力稍微逊色一些，通过我们的勤奋实干也会在一点一滴地积累中得到弥补，正如一句俗语所说的："勤能补拙"。

不勤奋的员工不会具有坚韧的意志，不会像蜜蜂那般辛勤地采蜜，也就不能收获更多的甜美。在工作中，有很多人尽管想得很好很多，却懒得动手去做，这样就不能使自己获得进步。同样的，有很多人在自己的工作岗位上持久地贡献着自己的力量，一直勤奋刻苦地学习专业知识，苦练专业技能，他们是推动企业进步的强大力量。

任何人的成功都没有捷径可走，任何企业的成功同样也没有捷径。个人的成功和企业的成功往往是相生相伴的，个人的勤奋可以使自己在工作中从知识到能力都获得提升，个人运用自己所获得的知识和能力把工作做得越来越好使企业获得发展。

人们常说，最终能够登上金字塔的只有两种动物："一种是雄鹰，另一种就是蜗牛。"蜗牛能够爬得上金字塔，并不是有什么特别的能力，而是靠勤奋。古罗马皇帝在临终前留下遗言"让我们勤奋工作！"当时士兵们都聚集在他的周围。勤奋是罗马人的伟大箴言之一，也是中华民族能够立于世界民族之林必不可少的优秀品质。

一个员工，只有勤奋工作，才是对敬业最好的证明，因为勤奋是敬业中非常重要的一项内容。没有敬业精神的员工不会选择勤奋之路，而不勤奋工作的员工也不可能具有敬业精神。让我们勤奋工作吧！为了我们的企业兴旺，更为了我们的前程。

6 忠诚于企业才能敬业工作

忠诚的意思就是"没有二心"，对企业忠诚即对企业没有二心。一个人无论从事什么职业，忠诚都是最基本的要求。如果他所从事的工作涉及国家机密、行业机密，那么，就更应该树立忠诚意识。忠诚的员工能够获得信任，能够获得提携的机会，他们热爱自己的工作，以一颗敬业之心尽职尽责地工作。

忠诚是企业对员工最基本的要求。忠诚的员工能够同自己所在的企业同甘共苦、荣辱与共，能够做到不轻易跳槽以及保守企业的机密。

一个人一旦拥有了忠诚的品质，他便是值得信任的，上司可以非常放心地把涉及商业机密的工作交给他，根本不必担心他会出于什么目的而背弃自己的企业；同事也可以非常放心地同他商讨工作上的问题，而不必担心他会因为其他目的而给自己设陷阱。忠诚是赢得信任的基础，是一个人最宝贵的品质。

三十岁的年龄正是立业的年龄，而刚刚三十岁的贺鹏飞，已经拥有了千万身家的资产。一个从农村走出来的年轻人，何以能在济南这样的大城市立下如此家业？只是体校毕业的他，何以能年纪轻轻就获得如此成功呢？这其中有什么奥秘吗？原来，贺鹏飞事业成功的秘诀就在于他——忠诚于企业，敬业工作。

十多年前，贺鹏飞还是一名体校的学生，由于在训练中受伤，不得已退了学。因为家在农村，父母都是老实人，全靠家里的几亩地养活一家人。为了减轻父母的生活负担，他摆过地摊、替人拉过蔬菜、打过零工。虽然挣钱很少，但他并不埋怨，每件活都做得非常认真。

这样的日子过了两年，鉴于他身高体魄，老乡介绍他到一家外资企业做门卫。这是贺鹏飞从学校走向社会从事的第一份正式工作，所以他十分珍惜，并在心里对自己说，一定要对企业忠诚，在工作岗位上要忠于职守、爱岗敬业，认真负责地做好自己的工作。

他是这样说，也是这样做的。

只要轮到贺鹏飞值班，他一刻不离地坚守在门卫室，严格执行岗位制度和职责，对过往的车辆和行人，都一一进行登记，尤其是值夜班，不管刮风下雨，还是雪天寒冻，他都坚持在工作岗位上，每隔15分钟到各处巡逻一次，并把每天的值班情况一一记录在案。

有一次，一个驾着奔驰的人，说自己是公司的重要客户，不肯登记。贺鹏飞微笑着对他说："先生，这是公司的规定，作为公司的门卫，我必须执行岗位职责。请您配合我的工作，谢谢！"那个人非但不理会，还开口骂他是"看门狗"，扬言要总经理炒他"鱿鱼"。这时，总经理听到吵闹声，从办公室走了出来。了解了事情的缘由后，总经理给那人赔了不是，责备了贺鹏飞几句。但是过后，总经理找到他，向他道歉，还夸他做得好，鼓励他今后继续坚持原则，忠于职守。

这家公司生产的是稀有金属，非常珍贵，所以上班下班和平常，门卫必须查看每一个员工及进出的人。有一个车间主任，因为工作原因上班时间需要外出，并提了一只袋子。贺鹏飞要查看他手上提的袋子，但那个主任不让查看不说，还说如果耽误了工作，要他负责。贺鹏飞耐心地对他说："你因为对自己的工作负责，所以赶时间。而我要对自己的工作负责，所以要坚持按岗位职责办事。我们都是为了维护公司的利益，为什么不能配合一下呢？"主任听他这样说，感到很惭愧，不仅让他查看了袋子，还诚恳地对他说："真对不起！我们每个人都在为公司服务，理应各尽其责。而不是为了方便自己，违反规章制度。小伙子，谢谢你给我上了一课啊！"

总经理经常要应酬、洽谈业务等，几乎每天回来都很晚。以前他回来时大门总是紧闭着，要按好多次喇叭才有门卫睡眼惺惺地前来开门。自从贺鹏飞来了之后，只要是他值夜班，汽车刚到，不等按喇叭大门就打开了。总经理每次看到的都是朴实、兢兢业业、尽心尽责的贺鹏飞。一年如一日，天天如此，贺鹏飞进行着简单而乏味的重复，却没有一丝一毫的懈怠。

总之，贺鹏飞上班一年多以来，忠于职守、爱岗敬业的大事小事，数不胜数，已经在公司及整个工业区传开了，还有不少公司要挖他去做门卫主任、保安部长等，而且工资要比现在的公司高出好几倍，但都被他一一婉拒了。

总经理很感动，这样忠诚于企业、敬业工作的员工哪里去找？于是，他把贺鹏飞调到身边，做了他的私人轿车司机。由于贺鹏飞的忠诚尽职服务，总经理不仅十分信任他，还把他当亲人一般看待。

一次，贺鹏飞载着总经理去外地谈一笔业务，车子在高速公司上行驶了一个小时左右，突然发动机超常发热，不一会儿就冒起了烟，燃起了火苗，很快火苗就接近了驾驶室。在这紧要关头，贺鹏飞一边将车尽量往边上停，一边奋力打开车门，首先救出总经理。总经理一个劲哭喊着："Mr 贺，我们的文件。要是那些文件被烧毁了，就完蛋了！"贺鹏飞把总经理扶到安全的地方，快速回到现场，不顾汽车爆炸的危险，再次冲进驾驶室，抢救出了文件。这时，公路事故处理人员接到路过的好心司机的报警，赶到了现场，及时将大火扑灭了。好在人员和文件均未受损，他们处理好车辆报修工作，并协同交警调查了事故原因，打了辆车赶到客户那里。等他们到达时，时间还不算晚，经过总经理的努力，成功签下了合同。

贺鹏飞这种危险当前，以他人安危及企业利益为重的精神，让总经理对他产生了敬意，并把公司百分之十的股份送给了贺鹏飞。但贺鹏飞没有因此而得意，更是一如既往地在自己的工作岗位上，竭尽全力为企业服务。

两年后，这家外资企业要进行人事变动，总经理要被调任回国，公司将派新的总经理来接管公司。总经理帮助贺鹏飞把股份变了现，并希望他建立一家属于自己的公司，还说会一直支持和帮助他。

贺鹏飞没有做稀有金属的生意，而是在朋友的帮助下，注册了一家餐饮公司，计划用加盟连锁的方式经营餐饮业。他的餐厅以环境优雅、经济实惠、热情的服务，很快在济南出了名，现已在全国各地有百家加盟连锁店。

正是怀有对企业的忠诚，贺鹏飞做到了敬业工作，在任何时候都以企业利益为重，在普普通通的工作岗位上默默贡献着自己的力量。他无私的忠诚敬业精神，是每一个员工的榜样。他让自己的工作在平凡中创造了最大的价值，使自己的事业绽放了光彩，使自己的人生走向了辉煌。

在竞争如此激烈的今天，许多企业都陷入了信任危机：上司怀疑员工的工作态度，所以要在办公区设置眼线、设置监控系统，以便于随时看到员工是否忙于工作，并对员工起到督促作用；员工像古时大臣揣度圣意般地猜测上司的心思，对上司交给自己的工作不时地会思考其目的性，应该做到何种程度才能够既让上司满意又不至于抢了上司的功劳。在同其他企业竞争的过程中，一旦发现有泄密的迹象，便要多加防备，还要充分发挥福尔摩斯的精神找出公司里的叛徒……

摆脱信任危机的最好办法就是树立忠诚，敬业工作。企业需要像贺鹏飞这样忠诚的员工，能够与自己的企业同甘共苦，荣辱与共，时时不忘企业对自己的栽培之心，在任何时候都不背弃企业，始终尽职尽责，以饱满的热忱敬业工作，乐于成为企业兴旺的推动力。

第八章

超越自我：不断超越自己，方能让企业不断登上新台阶

当我们满怀信心驰骋职场却遭遇阻碍时，会反思自己失利的原因，这时往往发现，阻碍我们顺利发展的，不是工作中的难题，不是挑剔的上司，恰是我们自己。事实上，不断为自己注入新的活力和能量，超越自我，才是成就自己、让企业登上新台阶的正确途径。

1

企业兴旺需要我们不断提升自己

每个人都希望自己所在的企业规模越来越大，实力越来越强，这样，才有强大的平台给我们财力上的支持，帮助我们实现梦想。可是在工作中，却体现不出来这样的热情，总觉得企业是一个很大的概念，自己只是基层一份子，能力有限。

企业的兴旺只凭一两个人是无法办到的，但企业中若有一两个人不进步就会拖整个企业的后腿。换句话说，星点烛光，热度有限，汇聚成日，光辉灿烂。改变固有工作模式，创新思路，加强与周围人合作等都是员工提升自我的有效方式。当我们不断提升自己的同时，业绩也会一路飙升，周围的人也会被带动，整个企业也会充满你追我赶的气氛。

王华在一家仓储公司工作，职位是最普通的管理员。仓储工作是十分单调的，特别是货单清理，每天都要把各种杂乱的东西与账单核对后重新检查一遍。王华和同事们虽然谈不上消极怠工，但每每工作时，都是被动式地去完成任务。

由于这家仓储公司规模不大，并且还很年轻，各方面都还处于起步状态，所以，公司在该市的仓储业竞争中一直处于下风，生意不好不坏的经营着，也看不出有什么发展前景。公司的状况使得员工们的工作状态也是不温不热的，员工流动性也很大。王华很苦恼：公司的效益不好不坏，每个月拿着 2000 元左右的工资，不高不低，这不是自己想要的生活。

良禽择木而栖，王华觉得公司不能满足自己的志向，也开始动了跳槽的念头。他每天浏览着本市一些有名的仓储企业的招聘需求，得出一个结论：条件诱人，门槛吓人。但是，他思量自身的情况是：文凭不高，经验不足。王华很苦恼：难道只能这样不温不火地生活下去？

有一天，王华路过一家有名气的仓储公司，无意间抬头看到这家公司有一个横幅，上面的标语让他惊醒：让每个人把握企业命脉。王华明白了：一味地抱怨没有用，只有不断提升自己的能力，为企业兴旺起到推动作用，工作才有意义。

王华从此一改颓废姿态，工作充满干劲，对于难度大的任务，不再去用死方法，而是让自己的大脑跟着转动，不断改进工作方法。他还到市场上买了几本有关仓储管理方面的书，一有时间就认真学习，并且把理论与实际结合起来。

三个月后，王华发明了一种快速仓储检索的方法，后经公司内部推广，使公司仓储的成本大幅下降，工作效率大大提高。后来公司还申请了国家专利，成为该市仓储业中唯一一个拥有自主专利的公司。公司在业内声名鹊起，生意也火红起来。王华作为头号功臣，现已被提任为物流营运总监。

在现实工作中，企业的每一个工作岗位，每一项工作，都是提升自我的基础。有时看似最不起眼的工作，往往可以成就一个员工的大发展，成就企业走向兴旺发展。就像案例中的王华，如果他墨守成规，自怨自艾地工作，把企业的发展置身事外，就不可能成为企业兴旺的推动者，也就不可能超越自我，实现自己的追求。

企业兴旺需要我们不断提升自己。企业兴旺离不开每一个员工积极进取地辛勤工作，更离不开员工的创新精神。如果大家墨守成规，只会让企业的经营管理日渐陈腐，发展滞后，在市场竞争中被淘汰出局。

调动对工作的积极性，对我们提升自己至关重要。那么我们应该如何在工作提高积极性，从而不断提升自我呢？总结起来，有以下几点可供大家参考：

1.责任心的培养:上班前首先安排好自己一天要做的事,并逐条写在本上或纸上。最重要的放在首位,其他分项列出名单,以此类推,完成一项打一个对号。

(1)每天下班之前,做好第二天的工作计划,合理规划每项工作。

(2)上班前,做好工作准备工作,以便工作有序进行。

(3)安排好每项工作的时间段,合理分配时间,做到"今日事今日毕",绝不拖延。

(4)培养良好工作习惯,对工作尽心尽责,在工作岗位上力争发挥所长,力图做到尽善尽美。

2.爱心的培养:培养对工作的兴趣,热爱工作,热爱企业,把工作当成自己的事情来做,把企业当作自己的家。

珍惜每一份工作,珍爱自己的工作岗位,将爱心奉献给企业,则企业兴,我必兴。因为富有爱心的人,不仅心胸宽广豁达,还有更高的人生价值观,即便是在最平凡的工作岗位上,做着最微小的工作,也一样能像金子一般光芒闪烁。

企业是一个大家庭,每一个员工都是这个大家庭不可缺少的成员。企业兴旺需要大家团结一心,共同进取来实现。离开了企业这个大家庭,即使我们有再大的才能,也将无处发挥。因此,我们应该培养自己对企业的感情,懂得感恩、回报企业。

3.专业技能的培养:努力学习专业技能,积极参与技能培训和竞赛,激发自己的上进心。

(1)谦虚好学,不耻下问。任何工作都是有技巧和方法的,在工作中,一定要刻苦勤奋学习,谦虚好问,学习他人的经验、先进技术及工作方法,不断提高自己的工作技能及工作效率,争做合格的优秀员工。

(2)把自己的工作努力做到精而专,成为工作岗位上的"专家"。

4.融入企业文化:每一家企业都有自己的文化。作为企业的一员,必须要学会融合,否则会陷入与企业发展格格不入的境地。

融入企业文化,就是融入了团队,融入了工作。这样,才不会被独立,在工作中也会获得更多帮助。我们要借助企业文化,提升自身修养,让自己成为一个高素质的新时代员工。

2

超越自我，从提升工作效率开始

我们经常会有这样的念头：要在工作中超越自己，完善自己。作为一名员工，我们的基础活动就是工作。只有更高效地工作，才能完成“超越自我”的目标。高效率，在字典里的解释是“即定投入和技术的条件下，经济资源没有浪费，或对经济资源做了能带来最大可能性的满足程度的利用，也是配置效率的一个简化表达。”通俗地说，就是我们把能量最大地投入到工作中，在时间上让结果来得更快。

有人会问：我也愿意高效率，在现实工作中，或许不是埋头苦干就可以成功的，具体该怎么做呢？的确，只埋头苦干而不注重工作技巧，不重视协作的陈旧工作方法是不能创造高效率的。我们要追求的不仅仅是工作速度快，而是工作速度与人际环境之间的平衡。只有得到高回报的高效率才算是有效的高效率，所以，我们要做到的是以下几点：

1. 边工作边学习总结

无论我们是新入职的员工，还是企业里工作多年的老员工，如果不能把工作当作一个学习提高的过程，那么，就很难在现有的基础上提高自己的工作效率。工作效率的提升，往往是在总结自己的经验，在不断学习新的工作经验的基础上产生的。

我们常常会看到许多工作多年的老员工，他们一直在原有的职位上停留多年而得不到提升，究其原因，多半是由于没有把工作当成学习的过程，一直固守陈旧的工作经验和操作方法。在工作中敢于否定自己，不断学习改进工作方式和方法，是提升工作效率的基础。

2.尊重身边的每一个人，保持有效沟通，保证高效执行

对职场中人，尤其是新人来说掌握一定的沟通技巧至关重要。企业在选拔、晋升员工时，不仅注重员工的专业技术知识和能力，更看重有良好的沟通协调能力。

戴尔.卡耐基说："人与人之间需要一种平衡，就像大自然需要平衡一样。不尊重别人感情的人，最终只会引起别人的讨厌和憎恨。"

这是发生在美国纽约曼哈顿的真实故事：

一位40多岁的中年女人领着一个小男孩走进某市著名企业"巨龙集团"总部大厦楼下的花园，在一张长椅上坐下来。她不停地跟男孩在说着什么，似乎很生气的样子。不远处有一位头发花白的老人正在修剪灌木。忽然，中年女人从随身挎包里揪出一团白花花的卫生纸，一甩手将它抛到老人刚剪过的灌木上。老人诧异地转过头朝中年女人看了一眼，中年女人也满不在乎地看着他。老人什么话也没有说，走过去拿起那团纸扔进一旁装垃圾的筐子里。过了一会儿，中年女人又揪出一团卫生纸扔了过来。老人再次走过去把那团纸拾起来扔到筐子里，然后回原处继续工作。可是，老人刚拿起剪刀，第三团卫生纸又落在了他眼前的灌木上……就这样，尽管老人一连捡了那中年女人扔的六七团纸，但他始终没有因此露出不满和厌烦的神色。"你看见了吧！"中年女人指了指修剪灌木的老人对男孩说："我希望你明白，你如果现在不好好上学，将来就跟他一样没出息，只能做这些卑微低贱的工作！"老人放下剪刀走过来，对中年女人说："夫人，这里是集团的私家花园，按规定只有集团员工才能进来。"

"那当然，我是'巨龙集团'所属一家公司的部门经理，就在这座大厦里工作！"中年女人高傲地说着，同时掏出一张证件朝老人晃了晃。"我能借你的手机用一下吗？"老人沉吟了一下说。

中年女人极不情愿地把手机递给老人，同时又不失时机地

开导儿子："你看，这些穷人这么大年纪了连手机也买不起。你今后一定要努力啊！"老人打完电话后把手机还给了妇人。很快一名男子匆匆走过来，恭恭敬敬地站在老人面前。老人对来人说："我现在提议免去这位女士在'巨龙集团'的职务！"，"是，我立刻按您的指示去办！"那人连声应道。老人吩咐完后径直朝小男孩走去，他用手抚了抚男孩的头，意味深长地说："我希望你明白，在这世界上最重要的是要学会尊重每一个人……"说完，老人撇下三人缓缓而去。中年女人被眼前骤然发生的事情惊呆了。她认识那个男子，他是巨龙集团主管任免各级员工的一个高级职员。"你……你怎么会对这个老园工那么尊敬呢？"她大惑不解地问。"你说什么？老园工？他是集团总裁王先生！"中年女人一下子瘫坐在长椅上。

超越自我，从尊重自己的工作，尊重他人开始。一个不懂得尊重工作和他人的人，注定不能以正确的态度对待工作，更不能在工作中起到协调作用。任何工作，都体现着一个人的价值，任何人，都有尊严，都需要被尊重。当一个人不懂得"尊重"时，只会陷入故步自封的境地，又谈何超越自我？

一家公司就是一个小社会，成员之间的关系既可以是平等和睦的，也可以是剑拔弩张的，甚至还可以是势如水火的，这关键要看他们如何表现。对员工来说，处理好人际关系至关重要，这对我们一开始就把工作做到完美起到事半功倍的作用。

在科学技术发展，分工越来越精细的今天，高效完成工作任务是成为一名优秀员工的重要考核标准，因此，超越自我势在必行。没有工作效率，就不会产生效益。效益是企业发展的命脉，效益的好坏，直接关系到企业的生死存亡。超越自我，是员工在职场长久发展的根本，提升工作效率是员工超越自我的起点。

俗话说："适者生存，逆者亡。"这个时代，是一个快速发展，飞跃前进的时代，跟不上时代的进步，就会被现实淘汰。作为一名员工，人生起步于平凡的工作岗位。在工作中，除了遵守工作规程和相关制度外，我们还要不断改进工作方法，提高工作技能，从而提升工作效率，取得突出的工作业绩，才能在职场胜出。

如果一味地固守操作流程，一味地埋头苦干，明知这样的工作方式，效率低，还是不求改进，那么，终有一日，企业进行革新时，我们就会被列上裁员的"黑名单"。没有任何一家企业可以一成不变地在市场竞争中生存，企业兴旺发展本身就是一个不断创新的过程。

当然，不断超越自我，提升工作效率的方法和技巧还有很多，这些方法都需要员工立足本职工作，从自己的工作中不断发掘和总结。如果一味固守陈旧的工作方式，不积极调整自己的工作态度，就很难适应当前企业和员工自身发展的需要。提升工作效率，并不意味着延长工作时间，加班加点苦干傻干。我们常说的超越自我，表现在工作中就是把提升工作效率作为开端和起点，以有效沟通为辅，一步步将自己打造成德才兼备的优秀员工。

3

无惧困难，超越自我，企业更兴旺

我们在年轻的时候，都想自己能成为独当一面的人才，任凭风吹雨打，仍可以承担起人生的责任，成就一番事业。可不知从什么时候开始，我们这种勇敢担当不见了。在工作中，我们开始学会了躲，知道即使天塌下来，还有别人顶着，困难降临，我们首先反应是问别人该怎么办。刚入企业情有可原，但是时间长了，我们就在公司中慢慢失去了价值。因为态度上我们没有看重公司，工作上我们没有独立完成的能力，留下来只会拖垮公司。我们都不愿意被淘汰，那么就重拾丢失的勇气，无惧困难，努力成为企业的领军人物！

黄亚英在成为这家制药公司售后电话专员之前，朋友告诉她："本来制药行业一直受社会议论，售后问题频发，再加上电话专员经常加班，并且工资一般，何苦呢。这家制药公司规模不小，但前几年曾发生过售后纠纷案件，所以电话专员也成为众矢之的"。尽管在如此不利环境下，黄亚英没有退缩，成功当上了一名电话专员。果然，黄亚英一开始就懵了，蜂群似的电话扑面而来，还有不太客气的语气，她的激情被这样的工作慢慢地磨尽了，她也想和周围的前辈一样，偷懒耍滑，应付了事。但黄亚英从来就不是向困难低头的人，经过思考后，她决定继续前进。终于，由于黄亚英的坚持和微笑服务，这家药厂的声誉慢慢好起来了，身边的"前辈们"也被她感染，在她的带动下，这家药厂的信任危机平稳度过。

卡莱尔说过：停止奋斗，生命也就停止了。不管隐藏还是躲避，困难就在那里，挡住去路。我们工作的目的就是追求利益，而利益只有可观的数量，如果让困难挡在面前太多时间，那么，滞后别人的工作就是无用功了。如果说我们在公司工作是一种求富过程，那么求富路上有许多困难，有的困难还很顽固，即使想了许多办法仍无法解决。有些人便认为无路可走了，就想放弃，觉得再努力也是白搭。然而，当在经过一番努力战胜困难后，则会发现"难"只不过是自己的心灵桎梏而已。

面对困难，先要问一句："我竭尽全力了吗？"就像美国行为学博士魏特利所说："在自然界中，包括人在内的任何动物，对于恐惧都本能的会产生三种反应：逃避、躲藏和反抗。人生中的挫折与失败也会给我们带来恐惧，要想作一个勇敢者，既不能逃避，也不应躲藏，唯有反抗才能生存。"

魏守斌是一家汽车租赁公司的"金牌员工"。为什么他可以成为金牌员工呢，还得从半年前说起。

魏守斌在刚进公司时，一直是一个很内向的小伙子，但是他的职位却要求他必须外向：必须向客户说明汽车的车况与资费情况，并且还得推销特色。魏守斌知道自己不是一个懒惰的人，但是他确实是满身的劲使不出来，性格无法突破，所以，他的业绩量一直非常低，而且客户投诉频发。魏守斌在那时真的觉得这份工作不适合自己，应该考虑换工作的问题了，经理看出了他的疑惑，对他只说了一句话："你真的用尽全力了吗，这份工作真的难吗？"魏守斌终于明白了许多困难只是自己想象出来的而已，如果换了新的工作，困难也一样会出现，与其这样，不如拼尽全力想方设法战胜困难，或许还能拼出一条路来。果然，半年后，一个曾经打退堂鼓的员工成为了这家汽车租赁公司的"金牌员工"，被业内所肯定。

我们都是普通的工作者，普通的地位与工作任务决定了我们不可能遇见所谓艰巨的困难，毕竟，低投入低风险嘛。所以我们经常看见的所谓不可逾越的困难，大都是自己的"想象力"所致。当我们从想象的云朵下来，踏踏实实地回归地面，才发现原来的高山万丈也不过是虚云一场。一个成功的员工，可能会有天赋、技能等因素，但促使他最后成功的就是一种坚持到底不服输的勇气。

工作中，每个人都会遇到这样那样的困难，只有无惧困难，超越自我，企业才会更兴旺，"我"也会更有所成就。人生的任何成就都来自于迎难而上，敢于超越。遇到困难就退缩，害怕承担成长的风险，是无法突破自我的，也无法为企业兴旺做出突出的贡献，因此作为职场人士一定要谨记：我们成就了企业，就是成就了自己的人生。

4 超越自我就要拒绝被动去做

在刚进入公司的第一天，我们就要告诉自己：一定要用双手去创造未来。或许再澎湃的热情也不能抵挡住时间的消磨，几年过后，我们便会认同下面这种得过且过的工作态度：做事是那么回事，不做也是那么回事，即使做得再好，也没有多少回报。当我们面对着工作中繁琐细节的时候，本想好好地完成，可是一下手却仍旧被动地去做，打一下走一步，这样工作费时费力，效率还不高，时间长了难免被淘汰。

一提到质检员，我们就会想到这几个词：枯燥，乏味。王晓阳也是这样想的，刚进质检车间的时候，王晓阳被眼前的一幕幕吓呆了：数量巨大的产品有序地摆放着，全部都是该厂生产出来的服装。但那时王晓阳很年轻，二话不说，立即投入质量检查工作，第一天超额完成。

第一天的喜悦还没退去，王晓阳就开始有些打退堂鼓了。工作流程太固定，还要忍受服装上化学物质的气味，她慢慢失去了工作热情，失去了工作动力，也开始与其他同事一样不主动去做了，在监督员不在的时候，她也会偷懒、敷衍工作。

部门经理刘云早就注意到了质检部门的工作状况，决定改良管理，优化工作流程，以提高大家的积极性，提升工作效率。虽然已经习惯了被动工作，形成了得过且过的思想，但王晓阳还是希望能通过变革重拾激情，在工作上有一番作为。刘经理在部门工作会议上说："被动工作是有传染性的，一个人的消极可以让整个团队处于消极状态。不管什么工作，只要你心懒了，那就不可能在工作中出成绩了。"

王晓阳如同获得了新生，充满了期待和工作热情。他主动积极地配合刘经理做工作调整，并按新规定每日的工作做完才下班，赶工时还主动加班，并把每日的工作情况做成表格，上交给刘经理。

开始，同事们还笑他傻，甚至有人讽刺他巴结领导。时间一长，王晓阳的工作业绩已经超越了每一个人，工作效率总是排名第一。慢慢地，同事们都意识到了自己的危机，开始向王晓阳学习，在工作中争相竞前，你追我赶。

仅一个月时间，质检部门的工作面貌发生了巨大改变。现在的质检部门人员分工明确，次品、废品中、优等品等分类准确，质检报表记录完整，工作任务完成也及时了。最主要的是，改变了以往交货不及时，因质量把关不严造成客户投诉、退货事件频频发生等现象，大大提高了公司的出货率，为公司赢得了信誉，有效提高了公司效益。

转眼到了年底，在年终奖励大会上，王晓阳被评为了年度优秀员工，质检部被评为“团结进取，创新创优”先进部门。

如果我们安于现状，就会日益丢失工作的主动性，逐渐沦为被动工作的机器，在人生的航道迷失方向；如果我们任被动工作的状态在工作中持续，长此以往，我们不仅不会为企业创造效益，还会成为企业的负担，最终将被企业抛弃；如果我们不积极配合整个企业营运系统的运转，就会成为阻碍企业发展的“绊脚石”……被动工作，不利于员工的个人成长和发展，更不利于企业的兴旺发展，是必须摒除的工作方式。

任何优秀的企业，都决不允许被动工作的状态存在，也绝不允许这种工作方式蔓延。作为企业的合格员工，要争做企业的中流砥柱，在工作中发挥自己的才能，激发自己的潜能，让自己的能量得到最大程度的释放。不妨试想：一个永葆热情，主动工作的员工，哪个企业不喜欢呢？

孔德海就是一个热爱自己的工作、积极主动工作、自发自觉完成工作任务的员工。他即不是部门经理，也不是车间主管，连个班组长也不是。他是宏泰贸易公司的一名送货员。宏泰贸易公司是某市最大的商贸行，经营的商品有家庭日用百货、酒店用品、劳保用品等十多个类型，商品名目繁多，有近千余种。公司除了给本市各大超市、小店及乡村商店供货外，还向一些工厂和个人直接批发，并且公司实行的是实体店与网店同步经营的方式，因为业务量非常大，所以像孙德海这样的送货员就有 30 多个。

每天一大早，公司的业务就忙开了，30 多个送货员先后按公司派货单装好货，开始按规划好的路线去送货。孔德海总是主动要求送路线最长、货品最多、客户也最多的那条线，而且他还会根据经验多加一些货品。不像其他的送货员，他除了把货安全送到，完成工作任务，还会与客户拉拉家常，边送货品，边留意客户店里经营的状况和产品特征，还有意无意地打听其周边居民的需求习惯及商店的情况，然后根据需要推荐他额外加的那些货品。所以，他每天不仅把货送到客户手里了，还为公司推销不少商品，每次收回来的钱都比其他送货员多出许多。

孙德海还备了一个本子，把沿途没有订他们公司商品的店名称和地址记下来，然后把这些信息上交给业务部。有时，他还把车停在那些店门口，向他们推销公司的商品。这样下来为企业创造不少效益，还提高了公司的业务量，并不断为公司开发了很多新客户。

孙德海从不因私事，用公司的送货车，也不会在送货途中偷懒、拖延、怠工，所以他的送货速度总是最快的，被同事们戏称为“风火轮”。的确是这样的，别人要花半个小时送到的货，他15分钟就能送到；别人要一个小时送到的货，他半个小时就送到了……他的工作效率总是比别人高出一倍，甚至更多。

孙德海就这样在宏泰贸易公司勤勤恳恳地工作了两年多，不管工资发多发少，他从来没有一句怨言。后来，公司实行绩效考核后，孙德海从公司200多名员工中，如耀眼夺目的明星一般脱颖而出。老板甚至惊叹自己的公司居然还有这样难得的员工，对工作如此认真、主动，如果不是实行绩效考核，一个绝好的人才将被埋没，这对公司来说将是巨大的损失。

老板亲自找到孙德海，并约他到酒店屈膝长谈。这一谈，让孙德海的命运来了个360度的转变——老板决定聘任他为市场部总监助理。

送货员不仅是最辛苦的工作之一，还常常被人认为是最卑微的工作。经常被很多人瞧不起，对他们呼来喝去，而且还要承担风险，以确保货物安全送达客户为天职。就是这样一份工作，几乎没有发展空间和前景可言，然而孙德海突破了工作的局限，超越了自我，以积极主动的工作态度，用事事总是比别人多做一点儿的实际行动，为自己拓展了职业通路。

没有人天生就是智者，上天是公平的，人之初每一个人都没有什么差距。只是，我们选择生活的态度和方式不同，让每一个人的人生变得不同而已。人生是一个不断完善自我、超越自我的过程。谁要是主动去做了，就会比别人前进得更多，收获得更多；谁要是被动去做，就会迈不开步，与前者拉开距离，落后于其他。

竞技上岗时代，通过人们的实践和创新，科技日新月异，各行各业对员工的要求也越来越高，越来越多元化。如果我们还在因为这样那样的原因，拒绝主动工作，必将被职场淘汰。每个人都有超越自我的潜能，是让自己徘徊在职场边缘，眼睁睁地看着别人成为企业的骨干，还是激发潜能，助企业登上新台阶？相信，读了王晓阳和孙德海的故事，我们一定能从中得到感悟，最终做出正确的选择。

5 追求卓越的我们让企业更加卓越

优秀的企业一定拥有优秀的员工，任何一家企业都是通过员工对卓越的追求，成为业绩卓越的优秀企业。有关人士早在百多年前都提出了“管理以人为本”的企业经营理念，以此告诫、启示企业家们：人才是企业竞争的核心力量，没有“人才”，就不可能有企业的兴旺发达，甚至就不可能有企业的生存和发展。

如今，几乎每一家企业都出现了“用工荒”，许多企业因为招不到人，而歇业停产，甚至关门破产。没有追求卓越的员工，企业就难以登上新台阶；没有优秀员工组成的团队，企业难以基业长青。要改变"用工荒"的局面，企业首先要舍得培养人才，要努力把每一个员工都培养成能担大任的人才；其次，要带领员工们不断追求卓越，超越自我，形成具有强大竞争力的团队；然后，帮助树立员工们的主人翁精神，将具体工作落到实处，让每一个员工都怀着爱岗敬业的理念，在工作岗位上做出非凡的工作业绩，将企业效益的曲线不断向上延伸。

企业兴，则员工兴，反之，也可以说员工兴，则企业兴。企业与员工之间从形式上说是雇佣关系，但从深层意义上说，企业与员工之间更应该是合作双赢的伙伴。

员工在工作中不断追求卓越，企业才能在业内站稳脚跟，才能在市场竞争中显示出自身的优势。员工是企业的根基，是企业快速发展的中坚力量。企业是员工创造自我价值的载体，员工在企业提供的平台上发挥自己的聪明才智，为实现卓越的工作业绩勤奋进取。聪明的员工，会在工作中把卓越作为自己毕生的追求，在企业的平台上建功立业；胸怀大志的员工，会以企业兴旺为己任，在工作岗位上为达到企业发展与实现自我双收双赢而刻苦勤奋。

志祥信息咨询公司是一家异军突起的新公司，短短两年时间里，已经成为该市信息咨询业的佼佼者。

两年前，雷志祥从学校毕业后，就有独自创业的想法。他毕业于上海的一所知名大学，学的是信息管理专业，在校期间，在上海一家有名的信息咨询公司做兼职工作，积累了不少工作经验。毕业后他没有留在上海，而是怀着梦想回到了家乡。

当时，家乡正在搞开发建设，城市快速发展，但提供信息咨询方面的公司还很少，所以发展空间很大。雷志祥花了一个多月时间对家乡所在的城市进行了多方面的调查得出结论后，决定成立一家信息咨询公司。他估算了一下开办公司的费用和成本，用自己做兼职和平时勤俭节约省下来的钱，又向亲戚朋友借了点钱，在写字楼租了间办公室，择日就开业了。

机遇往往伴随着挑战，经过几个月的艰苦奋斗，公司的业绩没有明显的提升，雷志祥开始感到压力重重，尤其是经济上，感到很吃紧。时间长了，他的豪言壮志和工作热情也日渐消退，他开始怀疑自己当初的选择。员工们看到老板的情形，更是无精打采，纷纷有了去意。

有一天，雷志祥作为本市企业家的一员，应邀参加市政府举办的“创业之家”座谈会。全市的企业家到场的有2000多人，会谈中都提出希望本市有好的信息咨询公司，为企业搭建信息咨询平台，这样就不会觉得是关起房门来做生意了。因为，本市的信息发展非常落后，各行各业与外面的信息还处于封闭状态，企业发展十分艰难，而且招商引资的困难很大。根据这些情况，雷志祥也发表了自己的看法，告诉大家自己就是搞信息咨询的，并说了自己的烦恼：信息咨询平台是搭建起来了，可以业务开展困难得很。市领导听了，就把大家的意见和思路结合起来，通过与雷志祥的交谈，决定以他的志祥信息咨询公司为试点，实现信息与工商业发展同步建设的构想。

雷志祥回到公司后，马上召开全体员工大会。在会上，他说：“我们都只有一双手一个大脑，我们创造的热量很有限，但是如果我们都向往太阳，那么我们的公司就会成为一个太阳。再大的公司，若是员工自甘堕落，公司也会瞬间倒塌；再小的公司，员工若渴望卓越，公司就会如日中天，兴旺发达。所以，我们要克服困难，追求卓越，找到出路。”

然后，把市政府座谈会的方针和政策与员工们进了交流、分析和研究，总结了前面的不足和经验教训，决定重新调整公司经营策略，激发每一个员工的潜能，把握机会，大力开发市场。

既然是做信息咨询的，首先就必须要自己信息灵通，从多方面入手，组织信息源，只有把能对接的信息关联起来，才能为客户提供更快更优质更准确的信息。于是在全体员工的共同努力之下，志祥公司很快就收集了大量的信息源，建立起信息交流平台，借助政府相关部门的支持，公司业务得到了全面开展，产生的效果也非常好。同时雷志祥还主动与全国各地的信息平台建立了合作互助关系，下一步，他还打算与国外的信息平台取得联系，争取让本市的工商业信息与国际接轨。

现在，公司建立的信息平台，每日能为上万家企业和个人提供所需要的工商业信息，并且服务细致、周到，得到客户的一致好评，今年还市里被评为“优秀企业”。但是雷志祥和他的员工们并没有骄傲自满，而是怀着超越自我的信心，把追求卓越作为公司发展的标签，决定再接再厉。

没有对卓越的追求，就没有前进的动力；没有超越自我的信心和决心，就不可能有更广阔的发展空间。雷志祥的志祥信息咨询公司，正是因为对卓越地不懈追求，对超越充满信心和决心，所以仅用两年时间，就成长为业内颇有名气的信息公司，为千万企业和个人提供信息交流，产生的价值可以说无可估量。如果不能超越自我，把追求卓越作为自己永远的追求，无论是企业，还是个人，都将故步自封，终被时代抛弃，被市场或职场淘汰。

安凡在进入这家公司之前，压力很大，因为这家公司名声欠佳，在去年的一次交易中，鹏程木业公司的经理没能控制住自己的贪欲，以次充好，导致该公司10年的金字招牌瞬间坍塌。本来凭安凡的业务水平，他完全可以去更好的公司，但是想到鹏程木业老板高总诚恳而充满期待的眼神，安凡决定接受这个挑战。

上班第一天，安凡就看到公司里的员工熙熙攘攘的，但大多是消极完成任务，效率很低不说，还在脸上写满了沮丧，公司气氛极其压抑。安凡明白，正是因为之前公司遭受的打击和挫折，让大家失去超越的信心和追求卓越的动力。这样下去公司势必会一日不如一日，直至无法经营。安凡找到高总，把自己的思路和方案说了出来，高总完全同意安凡的决定，并表示一定大力支持他的工作，争取早日挽回局面，让公司的经营和发展步入正轨。

首先，是要激励员工对工作的热情和积极性；然后，是与客户重新建立起诚信的往来关系；最后，制定相关制度，实行一环扣一环的工作关系，做到层层严格把关，杜绝以次充好的事件发生。对于目前公司的状况来说，这三点说起来不容易，做起来就更难了。

安凡上任两周后，摸清了各方面的情况，决定首先带头，以身作则，用事实来证明，用行动来影响每一个员工。开始很多人都笑话他："公司都这样了，你一个人再怎么飞能飞多高？"大多数人都对安凡持怀疑态度。安凡不管员工们怎么说，都没有动摇信念，每天坚持自己的做法。时间一长，这样的说法慢慢消失了，有的员工开始站到了安凡的这边。接下来的几个月时间，员工们像站队一样，全加入了安凡振兴公司的队列。鹏程木业又呈现出了一派欣欣向荣的景象，员工们个个干劲十足，都争相承担责任，抢着干活，看到成效安凡欣慰地笑了。

下一步，安凡重新构建了公司的产品结构，更新了宣传资料，还带着礼品去拜访了之前的老客户，为之前不良举措表示真诚的歉意，希望能得他们的原谅，并向客户送去了保证书和优惠政策。有不少客户被安凡的诚恳感动了，当月就重新与鹏程木业签订了合同。安凡按合同要求日夜坚守在车间，严格按客户要求检查产品，终于如期保质地交了货，为公司赢得夸赞。一年时间下来，公司终于扭转局面，不但拉回了老客户，还开发了不少新客户，公司重新在业内赢回了声誉，并实现了当年效益翻番的目标。

同时，安凡大刀阔斧地进行了生产管理革新，制定了员工激励制度，把员工的绩效与薪资待遇结合起来，这样员工各方面的能力和思想素质也得到了大大提升。他在年度总结大会上说："公司要不断登上新台阶，需要我们每个员工有超越自我的精神，在工作上要求自己精益求精，不断追求卓越，我们的公司才会越来越好，大家的生活也会越来越美好！"

美国气象学家爱德华有一个著名的理论：蝴蝶效应，意思就是热带雨林的蝴蝶，偶尔扇几下翅膀，很可能两周后在美国德克萨斯州引起一场龙卷风。公司也一样，整个公司运转有序，我们看似微小的变化近期看没有什么影响，可连锁反应却在暗地发生，时间一长，便会暴露出来。一个人的力量是有限的，但一个人的带动作用却是强大的。安凡的“蝴蝶效应”起到了强大作用，他以身作则，处处追求卓越、超越自我的力量，带动了所有受挫折后处于消极状态的鹏程木业的员工。奋发进取的力量像龙卷风一样，席地而起，最终改变了企业的命运，帮助企业度过难关，迎来新的辉煌。

我们常说跟上时代的步伐，才能成为时代的宠儿，成为时代的弄潮人。那么，作为企业的员工，我们只有跟得上企业发展的步伐，才能与企业同步发展，在企业提供的平凡的工作岗位上谱写自己美好的人生。无论是时代的要求，还是企业的需求，没有对卓越的追求，就难以超越自我，没有对超越的信心，就难以成就卓越的工作业绩。优秀的员工总是将自己的追求与企业的目标融为一体，在工作岗位上勇于接受挑战，敢于超越自我，把追求卓越作为毕生追求，为企业发展全力以赴。

6 感恩企业，与企业一起走向辉煌

能对一花一草、一山一水都表示谢意的人，他的人生必定是快乐而富足的。作为一名员工，我们应该感恩企业为我们提供的机会和平台，感恩老板的信任和认可，感恩领导的教导和关怀，感恩同事的帮助和关心。怀有感恩的心，会让我们在辛苦的工作中感受到快乐和爱。一个充满感恩的员工，必定能与企业一起走向辉煌。

如果把家庭比喻成我们栖息的“巢”，那么企业就是我们创造价值的“月光宝盒”，它能带领我们走向人生的璀璨明天，帮助我们创造奇迹。家庭是亲情意义上的家，我们感恩父母、感恩家庭的每一个成员，因为感恩，才更懂得爱，因为爱而家庭和睦，生活充满欢声笑语。企业则是成就事业的家，我们每天大部分的时间都在企业里度过，我们应该感恩企业，只有与同事和谐相处，快乐工作，我们的生活才能获得真正的快乐和幸福。

人非草木，孰能无情？人们常说日久生情，在一家企业待的时间长了，就会生出深厚的感情，就会不知不觉地融入到企业中，拼尽全力推动企业不断登上一个又一个新的台阶。感恩企业给予我们的一切，是人生境界最大的提升。

牛维丽是一家纺织品公司的挡车工人，最近有一件事让她非常苦恼，平常活泼伶俐的她，现在整天愁容满面，工作效率也降低了很多。原来，她和男朋友不想向家里要钱，想凭两个人的能力成家立业。可是距离婚礼还有两个月时间，仅凭她和男朋友的积蓄，加上向同事们凑的钱，还是不够开支，她发愁了。

老板方总知道了情况，把她叫进办公室和蔼地说：“小牛，听说办婚礼还差点儿钱，我跟财务部李会计打过招呼了，你差多少，就预支多少。可别因为这事做不好工作，还影响自己的心情啊。拉着苦瓜脸的新娘子，可没人愿意看哟！”

牛维丽没想到自己的事居然惊动了老板，方总还主动说借钱给她，一时感动得不知道说什么好。这时，方总说着就拨通了财务科的电话，说明了意图。不一会儿财务部李会计就进来了。方总接过李会计的借款单，交给牛维丽，说：“李会计一会儿要去银行，你现在就去写条拿钱吧。”

其实，举行婚礼还差 5000 元，她怕借多了，一时还不上，就写了 2000 元。方总看过后，拍拍牛维丽的肩说：“小丫头，2000 元怎么够？我听你们车间的小余说，还差 5000 元呢。那就借 6000 元吧，婚后还要过日子呀。等你办好婚礼，离过春节也不远，就过完春节再扣借款吧。每个月扣 500 元，你看怎么样？”

牛维丽既感动又高兴，连声说“好”、“谢谢”。走出方总办公室，她流出了两行热泪，并在心里立下一个誓言：一定要用自己的行动来回报老板，回报公司，与公司共进退。

从此以后，牛维丽对工作比以前更认真仔细、勤奋努力了，常常一干就是十几个小时，任劳任怨、不发加班费也干，遇到人手不够时，她一个人干两个人的活儿。有了新项目，别人只学本班组的东西，她除了学习本班组的，还把其他班组的东西也学了。这样，她的技术也越来越好，几乎成了博学的“秀才”。

牛维丽由一个挡车工人逐步成长为生产部经理助理、协助生产部经理，在促进生产进度、提高工作效率和产品质量、进行生产管理变革等方面，作出了重要贡献。后来，生产部经理调任分公司后，公司任命牛维丽为生产部经理，主管生产部的全部工作。牛维丽再一次下决心：一定要担下这个重任，用自己全部的心血感恩公司，把生产部的工作业绩提到一个更高的标准，让企业前进的脚步更稳健、更快速！

原本平凡的牛维丽，因为感恩老板对她的照顾，而激发了自己的潜能，不断进取，与企业一起走向了人生的辉煌。她的感恩已不限于语言或内心独白，而是化为了实实在在的行动。感恩老板是浅层次的感恩，感恩企业才是职业人生进步的关键。当她懂得感恩企业时，工作已不仅仅只是工作，而是成为自己的事业，这时，企业回报给她的是，人生最有价值的成长，及她在纺织业的前程。

在南方某市一家比较有名的广告公司，有一位名叫费俊青的年轻人，他的工作很普通，主要是寻找客户签单。

工作不久，公司承接了政府部门的一个大项目——在城市的各条街道做城市文明宣传广告。全体员工对此惊喜万分，都全身心地投入到了工作中，因为这个项目将给公司和员工带来巨大的经济利益和发展前景。

公司老板马总为人亲和，对员工们也不错，深得员工们的尊重和拥戴。在接到项目的月末，马总召集全体员工开会：“大家都知道，我们公司承接的这个项目巨大，仅仅准备工作就要耗资好几百万元，而现在我们企业的资金也比较紧张。我是这样想的，我们这个月的工资就放到下个月一起发放，还请大家能够体谅公司的处境。工资早晚都会给你们，只要我们把项目搞好，大家一起来共享利润。”所有的员工都对马总的话表示赞同。

但意想不到的是，由于预算失误，公司因资金缺乏项目无法进行，只好向银行申请贷款。因款项数目巨大，公司的财务状况紧张，经过银行考核，贷款申请没有得到批复，公司也因此一下子陷入困境，濒临破产的边缘。

在这个艰难的时刻，员工们几乎人人自危，纷纷谋求出路，还有不少员工担心马总外逃，商量着采取一些必要的措施向马总讨要工资，但也有些员工认为公司一直没有亏待过他们，在公司危难之时，应该与公司一起共度难关。

费俊青看到这种情形，马上团结后者，把那些想要讨要工资的员工堵在办公楼大门外，并对他们说：“大家请冷静，首先请大家想几个问题。第一，就算你们拿了工资走人了，是不是要面临着东奔西跑找工作？第二，老板平时对咱们怎么样？公司给各位的工资待遇怎么样？公司亏待过咱们吗？第三，咱们是不是可以换个角度考虑问题？无论公司效益如何，公司少给过咱们的工资吗？”

费俊青话音未落就有人答道“是”、“好”、“没有亏待过”、“没有少过工资”……但很快人群就平息了喧吵，费俊青看大家的情绪似乎平息了很多，马上接着说：“人心都是肉做的，做人都讲点道义和感情。老板也是人，在困难的时候需要大家的帮助。这里的大部分人都跟着马总干了六七年了吧？你们怎么就忍心看着公司垮下去，看着马总破产？你们说公司真的散伙了，你们就不用工作了吗？再怎么说在老地方还是比新地方好吧？！”

听了费俊青这番话，不少人低下了头，露出羞愧的表情。费俊青趁热打铁，激情高昂地对大家说：“工友们，留下来吧，与公司一起走过这道坎，你们每个人都是公司的功臣。我是公司新来的员工，工作还不到半年时间，但是我相信老板一定会带领着我们战胜困难，再创辉煌的！”那些有意与公司一起共度难关的员工，马上高声支持，而那些想闹着要工资、想离去的员工，也好像被激励了一样，没有了去意。

费俊青安排几个积极分子稳住当前局面，来到总经理办公室，对马总说：“总经理，我在没有征得您的同意的情况下，承诺留下来的员工可以享受公司10%的分红。您要是觉得不合适，我可以跟他们说明。”

马总一把握住费俊青的手，激动地说：“小伙子啊，你刚才说的话我都听见，我实在是感谢你呀！不要说10%的分红了，就是20%、30%、50%，我也同意啊。在这个危难关头，你救了我，不，你救了整个公司啊！”

费俊青表情庄重，诚恳地说：“总经理，公司发展良好的时候给了我很多，现在公司有困难，我应该与公司共度难关。让我在这个时候甩手离去，我不会做那样的事。只要您没有宣布倒闭，您留在这里，我就不会离开，哪怕只剩下我一个人，我也会坚持到底。”

“感谢啊！难得还有你这样的人啊！小费，你说怎么办就怎么办吧，我相信只要大家留下来，公司就一定有救，有希望的！”马总看着费俊青，眼睛闪动着泪花。

“对了，您这里还有空白的签名册吗？给我一本，再给我一支签字笔。”费俊青想起还有重要的事要办。

马总一边连说着“有，有，有”，一边打开文件找出了两本新的签名册和签字笔，交给费俊青，不知道他要做什么。费俊青调皮地笑了笑说：“您一会儿就知道了！”说着拿起签名册和笔就往外走，走到门外，轻轻地关上了门。

来到办公楼前，他扬了扬手中的签名册，大声对在场的员工们说：“工友们，今天只要在这个签名册上签名同意留下来的员工，就可以在年终得到公司10%的分红。不想留下来的员工可以马上结工资走人！”

此举一出，人心大振，不少员工都愿意留下来，并且跃跃欲试着要签名。费俊青让大家排好队，一队是愿意留下来的员工，一队是要离去的员工。等众人排好队后，才发现想要离去的员工，不过三五人，但这三五人最后也站到了留下来的员工队伍中。

待队列稳定下来，费俊青又说开了：“工友们，我说的10%的分红，是大家一起分10%啊，不是每个人分10%啊，大家可听清楚了。要是每个人分10%，公司要砸锅卖铁了。”听到这话，大家笑了起来，纷纷表示理解。

等大家签好名后，费俊青说：“工友们，从现在开始起，公司也有我们每个人的份了，我们是不是有责任和义务帮助公司走出困境呢？”

大家都异口同声地说：“是”。

“公司现在最大的困难是没有钱。大家虽然留下来了，但没有钱买材料、买设备、交房租水电，还是一样要关门。在这里，我个人愿意拿出一万元，借给公司。你们也愿意吗？”费俊青说着打开签名册，在自己的名字处写上“10000元”。

有几个积极分子，也在签名册上自己的名字处写上了“10000元”，那些犹豫不决的员工见状也陆陆续续过来在签名册上自己的名字处写上了“10000元”。费俊青马上安排这100多个员工分头到银行取钱，并把财务部会计也叫过来，让她做好准备收钱。

100多个员工，每人拿出10000元，就等于100万元，这样施工又可以开始了，并且可以撑到第二笔钱的付款期了。经过三个多月地加班加点工作，这个宣传广告工程终于全部完工，并且经政府相关部门验收合格，公司很快就结清了全部款项，这单生意果然给公司带来了巨大的经济利益。

公司老板马总没有食言，在年终总结大会上，诚恳地感谢了大家，并且拿出10%的利润，给员工们分了红，另外还让会计往每个人的存折里除了那10000元之外，还多打了5000元。马总说："你们不是我的员工，而是兄弟姐妹！我感谢大家能在危难之时，与我同甘共苦，只要大家跟着我干，这10%的分红，大家年年有份。"台下响起一片热烈的掌声。

摆了庆功宴之后，员工们陆陆续续回家过年去了。费俊青和另外几个员工没有回去，他们打算留下来陪马总一起过春节。马总问他："你只是一个新员工，为什么要为公司做那么多事?"，费俊青微笑地说了一句话："公司就是我的船，既然我已经上了船，而船又遇到了惊涛骇浪，我就应该与公司一起同船共渡。"马总紧紧地拥抱着费俊青，眼睛里落下了泪水。

在此后十几年的时间里，费俊青一直没有离开那家公司，那100多名员工也没有离开，在他们的努力下，公司得到了飞速地发展，现已成为国内知名的广告公司，并且在全国各地都开设了分公司。费俊青及这些老员工中的很多人，也已成为这家公司的重要领导及股东之一。

俗话说：大河有水小河满，大河无水小河干。企业是大河，员工是小河，没有企业的发展，就没有员工的个人前途。费俊青和这家公司的100多名员工，真实地为我们讲述了企业和员工之间的关系。感恩企业，体现在平常的工作中，更体现在企业遇到困境之时。企业的生存和发展，不是老板一个人的事，而是全体员工应该共同承担起的责任和义务，而员工是帮助企业度过难关的主要力量。如果企业破产了，我们虽然可以重新找到工作，但是我们成为优秀员工，甚至得到更好的发展的机会，就会大降低。

感恩的力量，是这个世界上最伟大的力量之一。因为感恩，我们懂得感受人间自有真情在；因为感恩，我们感动于别人的帮助和关怀；因为感恩，我们懂得回报，而到达感恩的最高境界。在工作中，我们与企业荣辱共存，与企业共进退；在企业里，工作磨炼着我们的意志，锻炼我们快速成长，开启我们走向成功的门。

职场格言

1. 永远不能休息，否则，你就永远休息。

2. 一个讯息从地球这一端到另一端只需 0.05 秒，而一个观念从脑外传到脑里却需要 1 年，3 年甚至 15 年。

3. 空空的口袋不能阻碍你的未来，但空空的脑袋将使你永远贫穷。

4. 我们一定不要当三等公民：等下班、等工资、等退休。

5. 我们可以长得不漂亮，但绝对不能让自己的人生不漂亮。

6. 我们不能成为贵族的后代，但我们可以变成贵族的祖先。

7. 吃别人所不能吃的苦，忍别人所不能忍的气，做别人所不能做的事，就能享受到别人所不能享受的一切。

8. 人的一生：选对伴侣幸福一生；选对老师智慧一生；选对环境快乐一生；选对行业成就一生。

9. 哈佛大学成功比：

(1)小事成功：专业能力 80%；人际关系 10%；观念 10%；

(2)大事成功：专业能力 20%；观念 40%；人际关系 40%。

10. 没有崎岖的山路，怎能检验驾驶员的技术；没有惊涛骇浪，怎能检验船夫的腕力。